权威·前沿·原创

皮书系列为
"十二五""十三五""十四五"时期国家重点出版物出版专项规划项目

BLUE BOOK

智 库 成 果 出 版 与 传 播 平 台

工业和信息化蓝皮书

BLUE BOOK OF INDUSTRY AND INFORMATIZATION

软件产业发展报告（2021~2022）

ANNUAL REPORT ON THE DEVELOPMENT OF SOFTWARE INDUSTRY (2021-2022)

主　编／赵　岩
国家工业信息安全发展研究中心

社会科学文献出版社
SOCIAL SCIENCES ACADEMIC PRESS (CHINA)

图书在版编目(CIP)数据

软件产业发展报告.2021-2022/赵岩主编.--北京：社会科学文献出版社,2022.11
（工业和信息化蓝皮书）
ISBN 978-7-5228-0465-1

Ⅰ.①软… Ⅱ.①赵… Ⅲ.①软件产业-产业发展-研究报告-中国-2021-2022 Ⅳ.①F426.67

中国版本图书馆 CIP 数据核字（2022）第 128635 号

工业和信息化蓝皮书
软件产业发展报告（2021~2022）

主　　编／赵　岩
国家工业信息安全发展研究中心

出 版 人／王利民
组稿编辑／邓泳红
责任编辑／吴云苓
责任印制／王京美

出　　版／社会科学文献出版社·皮书出版分社（010）59367127
　　　　　地址：北京市北三环中路甲29号院华龙大厦　邮编：100029
　　　　　网址：www.ssap.com.cn
发　　行／社会科学文献出版社（010）59367028
印　　装／天津千鹤文化传播有限公司

规　　格／开本：787mm×1092mm　1/16
　　　　　印 张：17　字 数：220 千字
版　　次／2022 年 11 月第 1 版　2022 年 11 月第 1 次印刷
书　　号／ISBN 978-7-5228-0465-1
定　　价／158.00 元

读者服务电话：4008918866

版权所有 翻印必究

工业和信息化蓝皮书编委会

主　编　赵　岩

副主编　将　艳　　何小龙　　谢雨琦　　郝志强　　吕　坚
　　　　　李　丽　　黄　鹏

编　委　高晓雨　　夏万利　　刘永东　　马冬妍　　潘　妍
　　　　　陈正坤　　宋艳飞　　高　玮　　才镓赫

《软件产业发展报告(2021~2022)》
编　写　组

课题编写　国家工业信息安全发展研究中心软件所

组　　长　蒋　艳

副 组 长　潘　妍　　李　强　　李　卫　　刘桂铿

编写人员　李丹丹　　郭昕竺　　孟　嫣　　成　雨　　张宏妮
　　　　　　杨梦琦　　闻书韵　　王思檬　　鲁　萍　　张　蕾
　　　　　　张　涵　　程薇宸　　周瑞坤　　陈　榕　　许　睿
　　　　　　田莉娟　　种法辉　　邓昌义　　苏　仟　　赵　娆
　　　　　　赵阳光　　冯璐铭　　工英孺　　米明威　　姬晴晴

主编简介

赵　岩　国家工业信息安全发展研究中心主任、党委副书记，高级工程师。全国信息化和工业化融合管理标准化技术委员会副主任委员。长期致力于科技管理、数字经济、产业经济、两化融合、工业信息安全、新一代信息技术等领域的政策研究、产业咨询、技术创新和行业管理工作，主持和参与多项国家和省级规划政策制定，主持多项国家科技安全专项、重大工程专项和国家重点研发计划。公开发表多篇文章，撰写《中国IT产业发展报告》等多部报告，编著《腾云驾物：工业互联网解决方案落地》等多部图书。

国家工业信息安全发展研究中心简介

国家工业信息安全发展研究中心（工业和信息化部电子第一研究所），是工业和信息化部直属事业单位。经过60多年的发展与积淀，中心以"支撑政府、服务行业"为宗旨，构建了以工业信息安全、产业数字化、软件和知识产权、智库支撑四大板块为核心的业务体系，发展成为工业和信息化领域有重要影响力的研究咨询与决策支撑机构，国防科技工业、装备发展领域技术基础核心情报研究机构。

业务范围涵盖工业信息安全、两化融合、工业互联网、软件和信创产业、工业经济、数字经济、国防电子等领域，提供智库咨询、技术研发、检验检测、试验验证、评估评价、知识产权、数据资源等公共服务，并长期承担声像采集制作、档案文献、工程建设、年鉴出版等管理支撑工作。服务对象包括工业和信息化部、中央网信办、科技部、国家发改委等政府机构，以及科研院所、企事业单位和高等院校等各类主体。

"十四五"时期，中心将深入贯彻总体国家安全观，统筹发展和安全，聚焦主责主业，突出特色、整合资源，勇担工业信息安全保障主责，强化产业链供应链安全研究支撑，推进制造业数字化转型，支撑服务国防军工科技创新，着力建设一流工业信息安全综合保障体系、一流特色高端智库，构建产业数字化数据赋能、关键软件应用推广、知识产权全生命周期等三大服务体系，打造具有核心竞争力的智库支撑、公共服务、市场化发展等三种能力，发展成为保障工业信息安全的国家队、服务数字化发展的思想库、培育软件产业生态的推进器、促进军民科技协同创新的生力军，更好服务我国工业和信息化事业高质量发展。

公众号：国家工业信息安全发展研究中心

序

2021~2022年，我们深感百年未有之大变局越演越烈，全球面临新冠变异、俄乌冲突、美欧通胀、逆全球化等不确定性挑战；中国和不少国家还承受内部需求收缩、供给冲击、预期转弱等不确定性压力。低碳化、绿色化、城镇化和共同富裕等是中国实现第二个百年奋斗目标中明确的方向，但确定性目标的实现也有难以预估的挑战。习近平总书记将当前的形势概括为"世界动荡和变革两种趋势持续演进，发展和安全两大赤字不断凸显"。

信息论创始人香农曾经讲道："信息是用来减少随机不确定性的东西，信息的价值是确定性的增加。"不确定性是信息量不够的情况下，有限的认知能力难以应对变化而产生的一种不安全感。通过数字化方式获得和分析数据就可消除各种信息不对称，优化资源配置，提高应对产业链和供应链急剧变化的敏捷性，增强在面临不确定性时的韧性。在经济面临下行压力的同时，数字产业与服务在疫情期间逆势增长，数字化转型已成为企业发展的必由之路，也是应对当前和今后国际形势不确定性的战略选择。习近平总书记强调，数字经济发展速度之快、辐射范围之广、影响程度之深前所未有，正在成为重组全球要素资源、重塑全球经济结构、改变全球竞争格局的关键力量。

2021~2022年，我国数字基础设施建设扎实推进，实现县县通5G、村村通宽带。2021年，我国互联网普及率达到73%，IPv6活跃用户数占网民数的比重为60.1%。到2022年6月，我国已建成5G基站184.5万个，5G用户数占移动用户总数的27.3%，5G平均下行速率达到335Mbps。固定宽带接入用户数稳定增加，100Mbps及以上接入速率的用户占宽带用户数的93.7%，1000Mbps接入用户占10.9%。2021年，我国布局"东数西算"工程，加快数据枢纽的建设，算力近五年年均增速超过30%，2021年底达到140Eflops（每秒百亿亿次浮点计算次数），占全球的27%，仅次于美国。数字产业化加快发展，2021年，我国电信业务总量按照上年不变单价计算完成1.7万亿元，比上年增长27.8%，测算出电信业务综合价格比上年下降13.6%，电信业务收入累计完成1.47万亿元，比上年增长8%。中国电子信息制造业产业规模达到14.1万亿元，软件业务收入9.5万亿元，分别同比增长16.7%和17.7%。数字技术创新能力快速提升，5G、IPv6+、人工智能、云计算、大数据、区块链、量子信息等新兴技术跻身全球第一梯队。2021年，我国信息领域PCT国际专利申请数量超过3万件，全球占比超过1/3。

企业数字化转型推动信息化与工业化深度融合，2022年6月，我国规模以上工业企业关键工序数控化率和数字化研发设计工具普及率分别达到55.7%和75.1%，分别比2021年底增加4.6个和0.4个百分点。国家新型工业化产业示范基地已有445家，工业增加值占全国工业增加值比重已超过三成，这些基地和集群在增强我国制造业供给能力和产业链韧性方面发挥了关键作用。

以5G、互联网、大数据、云计算等为代表的新一代信息技术与实体经济深度融合，加速数字经济发展，呈现高创新性、强渗透性和广覆盖性，成为推动世界经济增长和全球创新发展的新引擎。当前世界多数国家都将发展数字经济摆在国家战略的重要位置。我国"十四五"规划和2035年远景目标纲要将加快数字化发展单独成篇，推动加快建设数字经济、数字社会、数字政府，以数字化转型整体驱动生产、生活方式和治理方式变革。2022年1月，国务院印发《"十四五"数字经济发展规划》，明确了"十四五"时期推动数字经济健康发展的指导思想、基本原则、发展目标、重点任务和保障措施，数字经济核心产业增加值占GDP的比重将从2020年的7.8%增长到2025年的10%。通信界有一个梅特卡夫定律——网络的价值正比于用户数的平方，中国具有全世界最多的人口和网民，中国是全球宽带化渗透率最好的国家之一，中国的数字经济具有最大的梅特卡夫效益，而且中国有全球最大的市场，中国数字经济的发展将以较低成本获得很好的回报。

数字经济的发展与实体经济相互促进，我国制造业综合实力和国际影响力大幅提升，500种主要工业产品中，我国有四成以上产品的产量位居世界第一，2021年底，我国制造业增加值占全球比重近30%，制造业中间品贸易在全球占比达到20%左右。以战略性新兴产业为例，主要包括新一代信息技术、生物技术、能源新技术、新材料、高端装备、新能源汽车、绿色环保等产业。2020年我国战略性新兴产业增加值占GDP比重为11.7%，新兴产业成为我国经济增长的重要动力。高技术制造业和装备制造业占规模以上工业增加值比重分别为15.1%和32.4%。在"双碳"目标引领下，我国新能源汽车制造业创新能力不断提升，产销量连续7年居世界首位。规模以上工业单位增加值能耗在"十三五"期间下降16%的基础上，2021年又进一步下降5.6%，绿色化转型效果显著。"十四五"规划和2035年远景目标纲要提出到2025年战略性新兴产业增加值占GDP的比重将超过17%。

在过去的一年，我国工信产业发展成绩喜人，数字化、智能化和绿色化效果显著，这是贯彻新发展理念的结果。以习近平同志为核心的党中央对经济形势进行科学判断，坚持以经济建设为中心，以高质量发展为主线，扎实推进经济体制改革，完善数字经济治理体系，精准施策，实现有效市场和有为政府更好结合。以互联网平台治理为例，平台经济是数字经济的特色形态，平台支持供需对接、上下游联

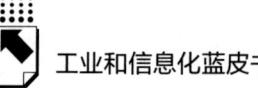

动、线上线下互补，盘活了数据，弥补了信息的不对称，降低了信用成本。中国政府对互联网的管理审慎包容，为互联网发展创造机会，在全球十大互联网平台公司中阿里与腾讯入围，2021年我国规模以上互联网和相关服务企业完成业务收入1.55万亿元，同比增长21.2%，两年平均增速为16.8%。但与此同时，也出现了部分大平台利用垄断地位打压同行、滥用算法侵犯用户隐私、损害消费者利益等扰乱互联网市场行为，互联网治理很有必要。2021年，政府互联网监管治理力度空前，为互联网发展营造更加公平竞争和规范有序的生态，更好地激励创新。

党的二十大就新时代新征程党和国家事业发展制定了大政方针和战略部署，是我们党团结带领人民全面建设社会主义现代化国家、全面推进中华民族伟大复兴的政治宣言和行动纲领。面对复杂严峻和不确定的内外部环境，我们要立足新发展阶段，完整、准确、全面贯彻新发展理念，构建新发展格局，坚持以高质量发展为主题，加快推进数字产业化和产业数字化，不断做强做优做大我国的数字经济，为中国式现代化伟大实践贡献力量。

值此之际，国家工业信息安全发展研究中心推出2021～2022年度"工业和信息化蓝皮书"，深入分析研判数字经济、数字化转型、人工智能、新兴产业、中小企业、软件产业等重点领域的最新态势和发展趋势。相信读者能从蓝皮书新颖的观点、深入的分析、翔实的数据和丰富的案例中有所收获，更全面地理解和把握当前工业和信息化领域的发展形势、机遇和挑战，共同奋力谱写制造强国、网络强国和数字中国建设的新篇章。

是为序。

摘 要

软件是新一代信息技术的"灵魂",是数字经济持续发展的重要底座,"软件定义"引领创新、促进转型、培育动能,不断加速数字产业化和产业数字化进程,为制造强国、网络强国、数字中国建设提供关键支撑。"十四五"时期,全球新一轮科技革命和产业变革深入推进,我国经济阔步迈向高质量发展新阶段,软件产业迎来新的发展机遇。

本报告综合研判 2021 年全球软件产业政策、技术创新、融合应用、投融资等的发展情况,就工业软件科创板上市、开源生态建设、开源软件供应链断供风险、软件园区及软件产业集聚发展、软件首版次保险补偿机制、软件与服务行业上市企业情况等产业发展重点问题进行专题论述。研究认为,2021 年我国软件产业运行态势良好,整体步入量增质升、强基固本、软件定义、开源繁荣的关键时期,在严峻复杂的国内外形势下,产业发展的韧性和潜力进一步显现。产业顶层政策设计和地方配套政策体系更为完善,基础软件、工业软件、首版次软件应用和软件人才培育成为地方政策布局的热点领域。基础软件方面,国内操作系统领军企业加速技术攻关和生态培育,在移动端、服务器端、嵌入式端均取得新突破。围绕开源的数据库发展新格局和新业态加速涌现,云化和分布式技术引领数据库技术创新,非关系型数据库快速发展。工业软件方面,国内整体迎来重要发展机遇期,CAE、EDA、PLC 等细分领域的技术研发、融合应用和投融资空前繁荣，国产工业软件产学研用生态建设取得实效。新兴平台软件方面，区块链和拓展现实等新兴技术脱虚向实，多场景行业应用逐步落地。开源方面，要素齐备、互为支撑的本土生态建设平稳起航，开源原生企业进步突出、商业化模式多样、投融资市场持续活跃。在全方面分析研判软件产业发展态势及问题与挑战的基础上，从提升产业基础保障水平、加速壮大国内市场应用生态、大力培育发展自主开源生态和持续优化软件产业发展环境等方面提出针对性发展建议。

关键词： 软件产业　基础软件　工业软件　开源软件　新型平台软件

目 录

Ⅰ 总报告

B.1 2021年软件产业发展报告 …………… 成 雨 郭昕竺 / 001

Ⅱ 政策篇

B.2 软件产业顶层设计持续加码…………… 郭昕竺 赵阳光 / 012
B.3 地方软件政策接续发布……………………………… 张宏妮 / 018

Ⅲ 技术篇

B.4 2021年操作系统发展面临的机遇与挑战
　　…………… 李丹丹 张宏妮 闻书韵 冯璐铭 王英孺 / 027
B.5 国内外工业软件政策支持持续加码
　　………………………… 孟 嫣 田莉娟 米明威 / 044

B.6　工业软件技术创新活跃开展……………… 孟　嫣　邓昌义 / 050

B.7　工业软件生态建设全面推进……………… 孟　嫣　姬晴晴 / 056

B.8　国产数据库发展强劲………… 张　蕾　闻书韵　苏　仟 / 062

B.9　2021年中国区块链产业发展现状与趋势
　　　………………………………………… 杨梦琦　种法辉 / 079

B.10　拓展现实"三力共发"，开拓产业"蓝海"
　　　………………………………………… 张　涵　种法辉 / 101

B.11　国际开源日益成为产业创新"核心引擎"
　　　…………………………………………… 王思檬　鲁　萍 / 118

B.12　中国开源生态持续繁荣壮大……………… 周瑞坤　陈　榕 / 140

Ⅳ　投融资篇

B.13　2021年中国工业软件领域迎来投资风口
　　　…………………………………………… 田莉娟　姬晴晴 / 157

B.14　中国开源商业化取得积极成效………… 王思檬　鲁　萍 / 162

Ⅴ　专题篇

B.15　工业软件企业科创板上市情况分析与建议…… 李丹丹 / 172

B.16　从"开源雨林"计划谈开源生态建设………… 赵　娆 / 178

B.17　开源软件供应链风险事件的根源和症结
　　　…………………………………………… 郭昕竺　成　雨 / 183

B.18　高水平建设软件园区成为产业集聚升级重要抓手
　　　………………………………………………… 许　睿 / 188

B.19 "首版次"保险补偿机制为国产工业软件应用推广"兜底"
　　………………………………………… 郭昕竺　程薇宸 / 194
B.20 2021年软件与服务业上市企业发展报告 ……… 程薇宸 / 200

Ⅵ 附　录

B.21 中国软件产业政策汇编 ………………… 郭昕竺　王英孺 / 206
B.22 2021年中国软件产业大事记
　　………………………………… 郭昕竺　田莉娟　程薇宸 / 212
B.23 洞悉产业发展热点问题
　　——2022年全国两会提案精选…… 郭昕竺　王英孺 / 223

Abstract ……………………………………………………………… / 228
Contents ……………………………………………………………… / 230

总报告

General Report

B.1 2021年软件产业发展报告

成 雨 郭昕竺*

摘 要： 软件是新一代信息技术的"灵魂"，是数字经济持续发展的重要底座，是制造强国和网络强国建设的关键支撑。2021年我国软件产业顶层设计更为完善，发展环境持续向好，整体步入量增质升、强基固本、软件定义、开源繁荣的关键时期，在严峻复杂的国内外形势下，产业发展的韧性和潜力得到进一步显现。

关键词： 软件产业 产业链 数字经济

---

* 成雨，博士，国家工业信息安全发展研究中心软件所高级工程师，产业政策研究部主任，主要研究方向为软件产业经济与政策；郭昕竺，国家工业信息安全发展研究中心软件所助理工程师，产业政策研究部研究员，主要研究方向为软件产业经济与政策。

一　中国软件产业步入高质量发展新阶段

2021年是"十四五"开局之年，也是开启全面建设社会主义现代化国家新征程、向第二个百年奋斗目标进军的关键之年。软件是新一代信息技术的"灵魂"，是数字经济持续发展的重要底座，是制造强国和网络强国建设的关键支撑。党中央、国务院高度重视软件产业发展，坚定实施国家软件发展战略。习近平总书记以高瞻远瞩的战略眼光、总揽全局的领导智慧，提出要全面推进产业化、规模化应用，培育具有国际影响力的大型软件企业，重点突破关键软件，推动软件产业做大做强，提升关键软件技术创新和供给能力，为软件产业发展提供了根本遵循。2021年，我国软件产业总体运行态势良好，规模和效益增长率位居国民经济各行业前列，铸"魂"强"基"成效显著，在严峻复杂的国内外形势下，产业发展的韧性和潜力凸显。

党的十八大以来，软件产业顶层设计不断健全，政策体系持续完善。在政策红利的持续作用下，2021年，软件产业呈现量增质升、强基固本、软件定义、开源繁荣的发展特点，整体上进入由"量的增长"转向"质的提升"的新阶段。

（一）量增质升的"黄金期"

政策红利不断释放。自2019年国家软件发展战略、2020年《新时期促进集成电路产业和软件产业高质量发展的若干政策》（国发〔2020〕8号）发布实施以来，政策红利持续惠及软件企业，对着力打造新时期软件产业高质量发展的政策高地、推进软件产业向更高层次发展起到了极大的推动作用。

规模效益稳步增长。2021年我国实现软件业务收入94994亿元，同比增长17.7%，是同期我国GDP增长率的两倍；软件业利润总额达 11875 亿元，同比增长 7.6%。从领域看，软件产品收入实现 24433 亿元，同比增长 12.3%，其中工业软件产品收入增速突破 24.8%，高出全行业水平 7.1 个百分点，嵌入式系统软件收入同比增长 19.0%，增速较上年同期提高 7 个百分点。

创新能力显著提升。一是软件业从业人员规模不断扩大，2021 年，全国软件业从业人员平均人数达到 809 万人，同比增长 7.4%，从业人员工资总额同比增长 15.0%，全员劳动生产率提升 1.4%。二是国内软件著作权登记量呈爆发式增长，累计突破 228 万件，增长率达 30% 以上，全社会软件创新活力持续进发。三是 2021 年度百强企业研发投入合计 3900 亿元，同比增长 23.4%，企业平均研发投入强度超过 10%，龙头软件企业创新驱动势头强劲。

集聚发展效益凸显。在中国软件名园创建试点工作的推动下，软件园区正成为推动软件产业特色化发展的重要载体和集聚化发展的有力抓手。济南、福州、南京、苏州、无锡等地的软件园区均持续发力关键软件创新和应用推广，部分园区企业总产值增幅超 20%。

（二）强基固本的"铸魂期"

操作系统实现生态突围。移动端，截至 2021 年 12 月，鸿蒙移动操作系统的设备搭载量突破 2.9 亿台，注册个人开发者达 161 万人，形成原子化服务 4.9 万余款，并成功孕育"矿鸿"操作系统——鸿蒙在工业领域商用落地的首个案例。服务器端，欧拉操作系统已可广泛部署于服务器、云计算、边缘计算、嵌入式等各种形态设备，目前社区共建企业已突破 300 家，终端部署量超过 100 万套。

工业软件持续砥砺创新。研发设计环节，国产三维 CAD（计算机辅助设计）建模能力持续提升，产品功能性能已接近国际中等水平。CFD（计算机流体力学）求解器突破了高分辨率自由面模拟、任意非结构化网格交界面等关键技术，在船舶水动力性能仿真上实现应用。经营管理环节，国产经营管理类工业软件市场占有率约为70%，行业覆盖广度和深度持续提升。生产制造环节，国产DCS软件在化工、石化领域应用不断拓展，产品稳定性、可靠性持续提升，达到国际先进水平。

新兴软件应用持续拓展。区块链领域，全国企业超1400家，相关产品通过与物联网、5G、云计算、大数据、人工智能等技术融通发展，在产品溯源、数据存证、版权保护等领域实现规模化应用。云计算领域，国内市场规模已超2300亿元，由阿里云、华为云、腾讯云和百度智能云组成的"中国四朵云"占据国内80%的市场份额，稳居主导地位。人工智能领域，百度Apollo开放平台、阿里云城市大脑、腾讯觅影AI辅诊平台、科大讯飞智能语音创新平台、商汤智能视觉开放创新平台等产品加速发展，愈发成为科技抗疫的"神兵利器"。

（三）软件定义的"赋能期"

经济社会的数字化、网络化和智能化离不开软件使能。工业软件作为"工业的大脑、智能制造的底座、产业升级的钥匙"，已经成为制造业转型升级的关键支撑。从制造业全流程看，工业软件正深刻改变着研发设计、生产制造和企业管理的各个环节，涌现许多生动的实践案例。

在研发设计方面，数字化虚拟设计加速成为智能建造体系的关键环节，广联达等国内企业积极推进BIM理论研究、标准研制、系统研发，实现了三维设计模型一键导入等CAD图纸识别技术，通过支持广州东塔（属于超高层建筑）的设计，该技术实现真正的商用落地，现已广泛应用于建筑设计、市政设计与数字化交付等领域，为提高各类算量软件的建模与计算效率，节约时间成本提供了有力支撑。

在生产制造方面，软件赋能产品的生产调度、生产执行、过程控制、能耗管理等过程。例如，传化化学大江东基地通过运行 DCS 软件，在安全端，实现了对危险化学品仓库、厂区环境等的实时监测；在生产端，通过数字赋能生产定制化，构筑起工艺优化、流程布置、能源供给的全新智能生态；在效率端，实现生产管理成本下降 25%，万元产值能耗下降 10%，劳动生产率提升 25%。

在企业管理方面，通过管理理念、方法的软件化，集成优秀企业的经营管理精华，为用户提供数字化的行业知识和最佳实践。例如，中铁工业通过浪潮通软智能制造解决方案打造钢桥梁智能制造示范工厂，以顶板单元生产线等钢桥梁重要部件为试点，建设 5G 智能车间，实现了从"粗放式工厂"向"数字化透明化工厂"转变、从创新生产向网络化协同转变，产品交付周期缩短 10%，综合成本下降 5%。

（四）开源繁荣的"加速期"

开源倡导开放、平等、协作、共享理念，加速软件迭代创新、技术演进升级，奠定全球软件产业发展基石，现已成为我国关键软件"拓短锻长"的重要途径。党中央、国务院高度重视开源软件发展，在《中华人民共和国国民经济和社会发展第十四个五年规划和2035年远景目标纲要》中明确提出，支持数字技术开源社区等创新联合体发展，完善开源知识产权和法律体系，鼓励企业开放软件源代码、硬件设计和应用服务。

开源基金会方面，国内首家开源基金会——开放原子开源基金会（以下简称"基金会"）自 2020 年经国务院批准成立以来，转化吸收国际开源理念，建立健全组织架构，吸纳 50 家成员单位，为发挥开放、中立的组织优势，凝聚合力打造自主开源生态奠定了坚实基础。

开源项目方面，华为、腾讯、阿里、百度等国内龙头企业遵循开源发展规律，向基金会捐赠优质开源项目，变"一家所有"为"开放共有"。截至2021年12月，开放鸿蒙、欧拉、开放原子超级链等9个项目启动孵化，覆盖操作系统、开发框架、云计算、区块链等重点领域。

开源社区与托管平台方面，全国运营开源社区已超过300个，以开源中国、CSDN开发者社区、欧拉、阿里云栖开发者社区、华为云开发者中心、木兰开源社区等为代表的社区在活跃度、治理能力上均取得积极进展，为开源项目孵化、开发者交流、开源生态治理等提供着专业服务。以Gitee、GitCode、CODING、百度效率云、阿里云效Codeup、华为云CodeHub等为代表的一批本土代码托管平台相继涌现，为开源项目开发协作、项目管理和代码备份提供助力。

开发者方面，中国正逐渐成为全球开源软件的主要使用者和核心贡献者，开发者红利时代加速到来。全球主流开源代码托管平台GitHub的参与人数超过755万，位居全球第二；过去15年间，参与Linux内核社区的中国开发者规模（数量）、能力（质量）均有大幅提升，补丁贡献数量翻了63倍，贡献度提升4倍，整体排名跃居世界第一。

二 中国软件产业发展面临的严峻形势及破解之道

（一）软件产业发展存在的问题

1. 关键软件创新面临生态建设之急

关键软件产业生态的稳定关系着数字经济底座的稳固。在生态、技术和商业的强相关趋势下，关键软件的"生态建设之困"成为掣肘我国软件产业高质量发展的关键因素。国内关键软件市场长期被国外厂商垄断，突破生态壁垒的难度大。在操作系统领域，以"Windows+intel"为代表的国外IT巨头凭借先发优势和长期积累，构建"软硬联盟"，长期垄断桌面端系统，严重阻碍了我国产业生态建设和核心技术创新；谷歌 Android 和苹果 iOS 共同占据国内移动操作系统市场99.7%的份额，形成长期"双寡头"垄断格局下的闭环生态圈。在数据库领域，甲骨文、微软、IBM、亚马逊、SAP、Teradata 等六家美国公司主导着全球生态，市场份额超90%，Oracle、MySQL、SQL Server 仍掌控着国内数据库的应用生态。在工业软件领域，我国长期面临国外巨头的生态挤压，2020年国产工业软件产品仅占全球市场的6%，国内超95%的研发设计类软件市场由达索、西门子、PTC等国外巨头牢牢把控，中望软件、安世亚太、华大九天等国内厂商的市场占有率不足5%；国内近70%的运维服务类软件市场被SAP、西门子等国外巨头占据，国内自主软件生态建设面临巨大的市场壁垒。

我国关键软件的市场和用户生态建设尚处于初步阶段，存在诸多不足。国产软件产品的成熟度、实用性、稳定性、兼容性等方面与国外相比还存在较大差距，一定程度上限制了用户群体生态的扩张。以华为鸿蒙操作系统（Harmony OS）为例，在软件应用层面，相比 Android 和 iOS 系统均有超百万款应用，华为HMS服务的应用仅有10万款。在国内金融行业，大型金融机构均使用大型机、小型机进行核心业务处理，操作系统大多来自IBM、Oracle和HP；大多数机构采用关系型数据库Oracle、DB2、MySQL或非关系型数据库MongoDB、Redis，很少使用国产基础软件系统。技术开源趋势虽极大促进了国产基础软件的研发创新，但源代码版权也给产品市场拓展和技术迭代带来了诸多限制。用户长期使用国外软件导致行为固化，"强用户黏性"难以剥离。以工业软件为例，由于工业软件的系统改造成本高、上下游数据迁移难度大、单位间需要配套协同，加之部分用户单位与国外软件厂商签署了采购选型目录或战略协议，国产工业软件的市场应用生态建设仍处于爬坡阶段。

2. 开源软件发展面临供应链安全之危

国外顶级开源基金会掌握着全球开源生态和底层战略资源的话语权，主导着全球开源生态的发展。国外软件巨头占据全球开源产品和技术的主要市场，国内开源企业和产品的竞争力较弱。OpenStack主导全球云计算基础设施发展路线，Apache Hadoop、Spark等核心开源项目已经成为大数据领域事实标准。根据DB-Engines数据，截至2020年9月，全球开源数据库有182个，已超过商业数据库数量，其中甲骨文旗下MySQL开源关系型数据库全球市场占有率位居第二。开源Apache Kafka占据应用集成中间件领域16.5%的市场份额，在同类型竞品中排名第一。虽然我国新一代基础软件正积极拥抱开源，但国内软件企业在全球开源贡献中远低于国外巨头，即使涌现华为GaussDB数据库、智能终端操作系统OpenHarmony等明星开源项目，但由于国内企业缺乏对国际开源生态的掌控力，项目对开发者、头部企业的吸引力偏弱，"肥水流入外人田"的局面尚未得到根本改变。

国内自主开源生态仍较为脆弱，代码供应链安全问题亟待解决。目前，全球开源软件领域三大主流基金会Linux、OpenStack、Apache均由美国企业主导，2020年，国内首家开源基金会开放原子开源基金会正式成立，但在全球开源治理体系中的话语权仍显不足，缺乏开源项目发展培育的环境。国际主流开源许可证、开源基金会、开源代码托管平台大多在美国注册或由美国公司运营，我国开源软件供应链面临受美国法律管辖、出口管制等问题，开源软件供应链风险问题较为严峻。数据显示，国内已知开源软件漏洞的项目占比高达89.2%，热门开源项目OpenHarmony的200多个开源组件涉及多个开源协议，存在许可证不兼容及冲突情况。

3. 软件园区建设处于有高原无高峰之困

我国软件园区收入规模总体呈中间多、两头少的"纺锤形"分布，中间梯队的园区数量较多，且对外部环境、发展空间和资源取向的控制能力较低，多以发展低端同质的信息服务外包、系统集成与支持等业务为切入点。我国软件园区对企业资源和社会资源等的重视程度不足，虽培育出一批规模较大、发展较快的软件园区，但未能形成创新链、产业链、价值链、服务链、资金链等协同发展的良好格局，缺乏具有强大生态带动力、具备全球影响力的代表性软件企业，能够与国际主流产品竞争的优势软件品牌较少。

园区特色化发展模式欠缺，"千园一面"现象较为严重。随着云计算、大数据、人工智能、区块链等新一代信息技术产业活跃创新，"软件定义"与经济社会各领域深度跨界融合，各级、各类软件园区在发展定位上更加强调因地制宜、突出特色，走专业化发展道路。然而国内部分园区在产业规划布局上一味强调"大而全"，主导产业趋同、产业链重叠，入园企业数量多但普遍小、散、乱，缺乏具有引领性的优势产业和系统性产业定位，未能形成差异化竞争和错位化发展的良好格局，同质化竞争日趋激烈，极大阻碍了园区核心竞争力的提升和园区内产业的可持续发展。

4. 产业链供应链现代化囿于韧性提升之难

保产业链供应链的根本在于增强其韧性，党和国家高度重视产业链韧性提升。当前，我国软件产业链现代化升级正处于爬坡过坎的重要阶段，增强软件产业链韧性的重要性和紧迫性愈发凸显。一是软件产业链风险抵抗能力仍待提升。风险抵抗能力是产业链韧性的"硬实力"，与软件产业链本身的完整程度和关键核心技术掌控水平等紧密相关，任何一个环节的"缺链"都会导致产业链整体抵御力的削弱。我国仍需加大对操作系统内核层关键技术文件系统和进程管理技术、数据库系统体系架构和并发控制机制、CAD 几何约束求解引擎、

CAE高级有限元分析技术、EDA前后端设计等关键核心技术的研发，提高国产自主软件上下游兼容适配水平，增强产业链完整程度和风险抵抗能力。二是软件产业链恢复能力较弱。恢复能力是软件产业链韧性的"软实力"，与产业基础实力、要素资源配置、政策机制布局等因素紧密相关。我国软件产业的市场活力释放空间不足，"不敢用、不愿用、不真用"仍是困扰国产软件市场化推广初期的三座大山，加快打通国产软件市场应用的"最后一公里"、持续优化软件企业营商环境、加强腰部软件企业培育，成为激发我国软件产业市场活力、增强软件产业链韧性的迫切需求。

（二）推动新时期中国软件产业高质量发展思路

提升产业基础保障水平。聚焦软件领域短板弱项，统筹中央和地方相关资金，深入实施产业基础再造工程，支持国产基础软件技术和产品收敛，并面向船舶、电子信息、汽车等重点行业体系化布局工业软件攻关项目。前瞻布局大数据、云计算、人工智能、区块链、工业互联网等新兴领域软件，推动全产业链优化升级。加强对前沿性、颠覆性、非对称性技术的持续研究和投入，积极布局下一代操作系统。

加速壮大国内市场应用生态。国防科工局、国资委等相关部门压实军工企业和央国企主体责任，聚焦船舶、航空、航天、电子、汽车等重点行业，金融、建筑、能源等重点领域，推动工业软件供给能力目录编制及国产软件应用。依托中国软件名城、中国软件名园创建工作，鼓励有条件的省市开放重点领域应用场景，开展工业软件试点验证和推广应用，推动建设国产工业软件应用示范区。

大力培育发展自主开源生态。强化开源顶层设计，引导地方落实开源任务相关部署，加快编制开源技术、开源协议等相关标准。筑牢开源生态"四梁八柱"，加强对开源基金会的指导，充分发挥开源基金会在开源生态体系的组织作用。在重点领域孵化一批基础性、前瞻性的优质开源项目，从国家层面建设重点开源项目目录，加强项目资源投入与过程管理。充分释放开源文化吸引力，探索建立产用教研融合的开源软件人才培养体系，加大开源人才培养力度。

持续优化软件产业发展环境。加大政策引导支持力度，研究出台国家层面软件"首版次"支持政策。加速产教融合，推进特色化示范性软件学院建设，组织实施关键软件人才培养专项。强化标准引领，积极开展工业软件等领域标准研制工作，着力解决关键软件领域标准缺失问题。高质量建设一批中国软件名城、名园，积极培育具有生态影响力的骨干企业，打造知名软件产品，推动形成名城名园名企名品一体化发展格局。

政 策 篇
Policy Reports

B.2
软件产业顶层设计持续加码

郭昕竺　赵阳光*

摘　要： 党中央、国务院高度重视软件产业发展，持续加强软件产业政策体系布局，推动软件产业发展再上新台阶。2021年，推动软件产业发展被纳入国家"十四五"中长期发展规划，软件产业五年发展规划正式发布，为"十四五"时期产业发展指明方向和路径；与此同时，国家软件惠企政策首度落地，具有中国特色的开源软件生态政策体系不断健全，软件特色化人才培育机制建设取得新进展，"专精特新"中小企业支持体系更加健全，各地方政府相继制定配套政策体系，共同推动我国软件产业政策环境持续向好。

---

* 郭昕竺，国家工业信息安全发展研究中心软件所助理工程师，产业政策研究部研究员，主要研究方向为软件产业经济与政策；赵阳光，国家工业信息安全发展研究中心软件所工程师，主要从事软件产业、软件技术、工业软件等研究工作。

关键词： 软件产业　产业政策　软件人才

2021年是"十四五"规划的开局之年，也是开启第二个百年奋斗目标新征程的关键之年，全球新一轮科技革命和产业变革的深入发展，为软件产业带来了新的发展机遇。软件是数字经济发展的重要基础，是制造强国、网络强国、数字中国建设的关键支撑，党中央、国务院高度重视软件产业发展，持续加强顶层政策设计，出台多项重要文件和配套政策以鼓励软件产业创新发展，各地方政府相继出台多项针对性政策措施，为"十四五"时期我国软件产业发展奠定良好基础。

一　多措并举打好"十四五"开局战

习近平总书记在中央政治局第三十四次集体学习中强调要加快新型基础设施建设，全面推进产业化、规模化应用，重点突破关键软件，推动软件产业做大做强，提升关键软件技术创新和供给能力，为我国软件产业发展提供了根本遵循。推动软件产业发展被纳入国家"十四五"中长期发展规划，《中华人民共和国国民经济和社会发展第十四个五年规划和2035年远景目标纲要》中明确提出，要聚焦操作系统等关键领域，加快推进基础理论、基础算法等研发突破与迭代应用，加强软件核心技术一体化研发。要培育壮大新兴数字产业，聚焦新一代信息技术等战略性新兴产业，加快关键核心技术创新应用。支持数字技术开源社区等创新联合体发展，完善开源知识产权和法律体系，鼓励企业开放软件源代码。国家软件惠企政策首度落地。2021年是《新时期促进集成电路产业和软件产业高质量发展的若干政策》（国发〔2020〕8号）正式落地实施的首个年头，首批国家税收优惠累计免税额突破500亿元，各地方主管部门相继出台配套政策措施，山东、天津组织巡回培训解读文件条款和申报注意事项；北京、四川组织企业线上申报、上传和补充资料；浙江打通税务平台接口以实现一键办理报税和填报核查数据等。2021年11月，工信部正式发布《"十四五"软件和信息技术服务业发展规划》，以破解当前我国软件产业发展的关键问题为出发点和落脚点，系统布局、突出应用、统筹推进，围绕软件产业链、产业基础、创新能力、需求牵引、产业生态部署5项主要任务，设置关键基础软件补短板、新兴平台软件锻长板、信息技术服务应用示范、产业基础能力提升、"软件定义"创新应用培育、工业技术软件化推广、开源生态培育和软件产业高水平集聚8个专项行动，为未来五年我国软件产业发展指明了方向和路径。

二 生态培育提升产业链现代化水平

产业链供应链安全稳定是构建新发展格局的基础，党和国家高度重视我国产业链韧性提升。2019年中央财经委员会第五次会议提出"增强产业链韧性，提升产业链水平"；2020年中共中央政治局会议提出"六保"，并将"保产业链供应链稳定"作为重要任务之一。工信部加快软件产业链现代化建设布局，《"十四五"软件和信息技术服务业发展规划》明确将产业基础实现新提升、产业链达到新水平作为发展目标，围绕软件产业链，加速"补短板、锻长板、优服务"，夯实开发环境、工具等产业链上游基础软件实力，提升工业软件、应用软件、平台软件、嵌入式软件等产业链中游的软件水平，增加产业链下游信息技术服务产品供给，提升软件产业链现代化水平。具有中国特色的自主开源软件生态建设步伐进一步加快，"软件定义世界，开源定义软件"，开源生态已经成为软件产业国际竞争的战略制高点。《中华人民共和国国民经济和社会发展第十四个五年规划和2035年远景目标纲要》首次将推动开源写入国家中长期规划；《"十四五"软件和信息技术服务业发展规划》将"繁荣国内开源生态"作为一项重要任务，系统布局"十四五"软件业开源生态发展。与此同时，开源领域的知识产权政策不断加码。2022年1月，《知识产权强国建设纲要和"十四五"规划实施年度推进计划》印发，明确提出研究制定信息技术开源知识产权合规标准、开源社区代码贡献规则标准，开展行业开源知识产权风险及合规问题研究，加强行业开源知识产权合规评估与培训；2021年9月，《知识产权强国建设纲要（2021—2035年）》印发，将探索"专利+标准+开源社区"发展模式，打造成熟的开源产品和应用解决方案，形成具有国际竞争力的协同创新生态作为重点任务之一。各项政策的颁布和实施，共同促进了我国开源生态发展从平稳起步迈向加速繁荣的新发展阶段。

强化国家战略科技力量是历年中央经济工作会议的重要内容，加强关键软件技术创新和攻关成为各级政府促进软件产业发展的共同焦点。地方政府结合本地资源禀赋制定多样化配套措施。山东、重庆、宁波等地先后制定政策促进软件产业高质量发展，加快软件产业园区建设；上海市重点聚焦工业软件领域，出台《上海市促进工业软件高质量发展行动计划（2021—2023年）》，明确提出加强基础性、关键性、紧缺型软件部署攻关任务，开展关键基础技术和产品的工程化攻关，发展基于模型的系统工程技术，重点支持产品设计、模具设计、工艺分析和加工制造一体化的CAD/CAE/CAM平台建设，推进三维几何建模引擎、轻量化设计、计算算法快速求解、软件构件化等关键核心技术攻关；江苏省出台了《江苏省"十四五"数字经济发展规划》，将高端软件作为提升数字产业发展能级的重点工程，在高端软件、网络安全等领域自主研发一批核心产品。科研人才管理制度和软件产业人才培育工作迈上新台阶。2021年8月，国务院办公厅印发《关于改革完善中央财政科研经费管理的若干意见》（国办发〔2021〕32号），从七方面提出25条举措赋予科研人员更大的经费管理自主权，实现为创新"松绑"。2021年是《特色化示范性软件学院建设指南（试行）》正式落地实施的第一年，工信部主管部门深入落实政策有关部署，会同教育部有关部门，扎实推进特色化示范性软件学院建设工作，推动关键软件技术进步、软件产业生态构建、国民软件素养提升，目前已形成一批具有示范性的高质量软件人才培养新模式，首批特色化示范性软件学院达33家，合作企业达68家。

三　多元布局推进国产软件市场化

"好的软件是用出来的"，市场应用和数据反馈是软件产品生命力的源泉，深度挖掘国内市场潜力、发挥内需市场对软件产业链的"黏合剂"作用，已成为增强我国软件产业链韧性的重要战略基点。党和国家高度重视国产软件的市场化应用与推广，自国家发改委等八部委联合出台《关于促进首台（套）重大技术装备示范应用的意见》（发改产业〔2018〕558号），明确将软件系统纳入首台（套）保险范围以来，四川、山东、安徽、浙江、新疆、陕西、广东等省和自治区相继出台地方性试点政策和保险补偿措施。2021年10月，上海市出台《上海市促进工业软件高质量发展行动计划（2021—2023年）》，提出"建立国产工业软件的应用推广机制"，并将软件首版次应用保险补偿机制作为破解国产工业软件推广应用难题的重要途径。一张专门为我国工业软件市场应用保驾护航的"防护网"正在全国加速铺开。对"专精特新"中小企业高质量支持力度持续加大。2021年1月23日，财政部和工信部发布《关于支持"专精特新"中小企业高质量发展的通知》，明确在"十四五"期间，中央财政累计安排100亿元以上奖补资金，引导地方完善扶持政策和公共服务体系，分 3 批重点支持 1000 余家国家级专精特新"小巨人"企业推进技术创新、技术成果产业化应用，与行业龙头企业协同创新、产业链上下游协作配套。同年 9 月 2 日，北京证券交易所宣布成立，首批上市的 81 家公司中，软件和信息技术服务行业企业占比最大，数量达 11 家，使中小微软件企业通过技术发展获取市场融资的机会极大增加，助力关键领域产业链技术和产品研发。

B.3
地方软件政策接续发布

张宏妮*

摘　要： 作为新一代信息技术的灵魂和数字经济发展的基础，我国软件产业正迎来新的发展机遇，各地纷纷出台软件相关政策，加速软件产业生态培育。具体而言，基础软件着力完善产业链，工业软件重要性逐渐提升，开源软件开启发展新纪元，首版次软件政策重点发力，软件人才成创新发展关键。

关键词： 软件产业　产业政策　开源软件　软件人才

一　政策先行，各地"十四五"软件规划加速出台

随着中央出台软件相关政策，地方层面也不断加强软件产业发展战略引导，推动地方软件发展驶入快车道。截至2022年3月，我国31个省（自治区、直辖市）政府工作报告和"十四五"规划文件中多次提到软件产业发展：2022年各地方政府工作报告中，有11个省份明确要大力发展软件产业；地方国民经济和社会发展第十四个五年规划纲要中，有14个省份对软件产业做出相关部署；"十四五"软件规划方面，有7省市（上海、重庆、江苏、浙江、安徽、江西、

---

* 张宏妮，国家工业信息安全发展研究中心软件所初级工程师，主要从事软件产业政策、软件园区等领域研究工作。

四川）出台了软件专项规划；整体来看，除个别地区，大部分地区均出台了"十四五"软件相关政策，包括软件发展行动计划、产业规划、补贴政策等。

二 重点发力，持续推动地方软件产业链提质升级

（一）基础软件着力完善产业链

各地"十四五"相关规划均提到基础软件的发展，聚焦操作系统、数据库、中间件等的自主创新和软件产业链建成，具体的专项规划或行动方案较少。操作系统方面，北京、上海、天津、江苏、黑龙江、福建、山东等省市关注度较高，从政策侧重点来看，大部分省市操作系统发展重点集中在技术研发上，包括工业操作系统、云操作系统等；也有部分省市侧重操作系统自主生态建设，加快操作系统自主发展进程。数据库和中间件方面，上海、天津、江苏、福建、山东等省市关注度较高，侧重软件自主创新与攻关适配，强调产业链完整性，带动产业集群发展。

（二）工业软件重要性逐渐提升

我国工业软件的重要性日益突出，各地政府对工业软件的重视程度也逐渐提高。"十五"到"十二五"时期，工业软件政策较少，且主要集中在大力发展软件产业、高端软件方面。"十三五"时期是我国工业软件相关政策密集出台的时期，重点突破高端工业和大型管理软件。进入"十四五"时期，《"十四五"软件和信息技术服务业发展规划》明确提出重点突破工业软件。

目前，我国31个省区市大多提及了加快制造业数字化转型、加快工业软件研发、加强工业APP开发等，政策内容均响应了"十四

五"规划中大力发展工业软件的内容,且部分主要省提出了工业软件发展的具体目标。工业软件企业方面,上海提出培育引进200家以上工业软件企业,甘肃提出培育1~2个工业互联网创新中心;工业APP方面,江苏提出到2023年培育1.5万个精品工业互联网APP,内蒙古提出培育使用工业APP数量300个以上,至少培育20个特定领域、特定场景的专用工业APP,甘肃提出培育超过20000个工业APP,安徽提出培育100个优秀工业APP;工业软件规模方面,上海提出到2023年工业软件规模突破500亿元,江苏提出到2023年全省工业软件业务收入达到1000亿元。

(三)开源软件开启发展新纪元

2020年是我国开源领域大爆发的一年,本土开源基金会实现零的突破,"开源"首次被明确列入国民经济和社会发展五年规划纲要,为我国开源软件发展指明了方向和路径。随着"十四五"的开启,我国开源软件也将开启新纪元,已被北京、上海、广东、安徽、浙江、吉林、江苏等7省市标记为"十四五"发展要点之一,但具体的实施方案和行动计划较少,相关政策侧重平台建设和创新赋能。中国各地开源软件相关政策如表1所示。

表1 中国各地开源软件相关政策

文件名称	内容
《北京市"十四五"时期高精尖产业发展规划》(京政发〔2021〕21号)	鼓励国际知名开源软件代码库和开发工具服务商在京落地,支持开源社区交流平台、代码托管平台和应用服务平台建设
《上海市国民经济和社会发展第十四个五年规划和二〇三五年远景目标纲要》	发展开源创新赋能的人工智能产业,加快人工智能核心基础技术创新,建设人工智能创新及应用示范区。大力培育数字开源社区,发展数字创新实践基地

续表

文件名称	内容
《广东省制造业高质量发展"十四五"规划》（粤府〔2021〕53号）	半导体及集成电路方面，推进集成电路EDA底层工具软件国产化，支持开展EDA云上架构、应用AI技术、TCAD、封装EDA工具等研发。扩大集成电路设计优势，突破边缘计算芯片、储存芯片、处理器等高端通用芯片设计，支持射频、传感器、基带、交换、光通信、显示驱动、RISC-V等专用芯片开发设计，前瞻布局化合物半导体、毫米波芯片、太赫兹芯片等专用芯片设计
《安徽省国民经济和社会发展第十四个五年规划和2035年远景目标纲要》（皖政〔2021〕16号）	聚焦人工智能等领域，完善面向产业链的公共服务平台，提供高水平可普及的技术开发、开源代码托管、安全防护处置等服务能力
《浙江省数字经济发展"十四五"规划》（浙政办发〔2021〕35号）	做优新兴产业。发展云计算、大数据、人工智能、物联网、区块链、虚拟现实等新兴产业。推进开源开放平台建设，加强云原生架构、关键算法资源、低代码工具等供给，培育具有国际竞争力的开源生态
《吉林省国民经济和社会发展第十四个五年规划和2035年远景目标纲要》（吉政发〔2021〕7号）	实施人工智能建设工程，支持龙头企业建设数字化车间和智能工厂，开展智慧出行、智慧医疗、智慧教育、智能安防等人工智能场景应用示范，构建高性能计算、数据共享、测试验证等开源开放平台
《江苏省国民经济和社会发展第十四个五年规划和二〇三五年远景目标纲要》（苏政发〔2021〕18号）	支持数字开源社区建设，鼓励企业开放软件源代码、硬件设计和应用服务

资料来源：国家工业信息安全发展研究中心根据公开资料整理。

（四）首版次软件政策重点发力

首版次软件政策是推动用户敢用、愿用国产软件的重要手段。自2016年起，全国多个地区积极探索、先行先试，陆续发布了软件产品首版次认定、征集、支持以及管理的相关政策。目前，四川、上海、青海、黑龙江、山东、山西、广西、福建、安徽、甘肃、江苏、浙江、重庆、天津、新疆、陕西、河南等17个省（自治区、直辖市）出台了地方性试点政策和保险补偿措施。总体上看，地方首版次软件工作积极性很高，但仍处于摸着石头过河的探索阶段，尚未形成统一、成熟的工作机制，在认定标准、管理流程、扶持手段、保险补偿等方面需进一步完善。从扶持形式来看，主要包括保费补贴、销售奖励、供应商奖励、人员奖励、采购补贴等举措，目前各地采用最多的是销售奖励和保费补贴政策。从各地区来看，四川省在全国开展的时间最早，山东省认定的首版次软件产品数量最多，安徽省补贴的金额最多。中国部分省区市首版次软件保险补偿政策如表2所示。

表2 中国部分省区市首版次软件保险补偿政策

试点地区	重点政策	出台时间	核心内容
四川省	《关于用好财政政策资金扎实推进创新创造的通知》	2017年8月	明确提出将信息技术首版次纳入认定范围，给予一定奖补，并纳入省级首台（套）保险补偿试点范围
	《关于深入开展四川省首台套首批次首版次保险补偿机制试点工作的通知》	2018年12月	省级财政给予70%的"综合险"保费补贴，单个产品年保费补贴不超过1000万元，补贴时限原则上不超过3年。建立保费补贴动态调整机制
山东省	《关于支持首版次高端软件加快推进软件产业创新发展的指导意见》	2018年1月	对纳入省首版次高端软件名单的软件产品，省财政按不高于3%的费率及实际投保年度保费的80%给予补贴，单个企业最高额度200万元
上海市	《上海市首版次软件产品专项支持办法》	2020年1月	提出采用后补贴方式，资金支持比例不超过前3个首版次软件产品销售合同累计金额的20%；一般项目支持金额不超过50万元，重点项目支持金额不超过200万元

续表

试点地区	重点政策	出台时间	核心内容
安徽省	《关于印发支持首台套重大技术装备首批次新材料首版次软件发展若干政策的通知》	2020年3月	对省内企业投保"三首"产品推广应用综合险的,按年度保费的80%给予补贴,补贴时限为1年。每个企业每年保费补贴最高300万元
安徽省	《关于进一步推动保险业支持科技创新和战略性新兴产业加快发展的通知》	2021年4月	健全首台(套)重大技术装备保险风险补偿机制,持续推动首版次软件保险补偿机制试点
天津市	《天津市关于进一步支持发展智能制造的政策措施》	2020年8月	对列入本市首台(套)重大技术装备产品目录的制造企业、开展首版次软件产品产业化的企业,给予最高1000万元支持
浙江省宁波市	《宁波市加快首台(套)首批次首版次产品推广应用实施方案》	2020年12月	鼓励保险机构根据"三首"产品的技术成熟程度、理赔风险等因素,分类分档确定投保费率,创新险种、扩大承保范围,建立保险理赔绿色通道
新疆维吾尔自治区	《新疆维吾尔自治区首台(套)、首批次、首版次产品认定和奖励管理办法》	2021年3月	对购买首版次保险的产品,在首版次产品创新奖励的基础上,再给予研制生产企业一次性不超过一年度保费80%的奖励,最高不超过50万元
陕西省	《陕西银保监局关于推进银行业保险业支持科技创新发展的指导意见》	2021年6月	鼓励保险机构推进软件首版次保险等科技保险发展,为技术转移和成果转化提供风险保障
广东省	《广东省数字经济促进条例》	2021年8月	探索实施政府采购首台(套)装备、首批次产品、首版次软件等政策,支持创新产品和服务的应用推广
河南省	《河南省省级制造业高质量发展专项资金管理办法》	2021年9月	对经省认定的首版次软件产品,按照实际投保费率不超过3%及年度保费实际支出的80%给予保费补贴

续表

试点地区	重点政策	出台时间	核心内容
黑龙江省	《推动"数字龙江"建设加快数字经济高质量发展若干政策措施》	2021年10月	对本省首次购买应用省内首版次软件创新产品的企业,省级财政按产品实际销售价格的20%给予补贴,单个产品补贴最高不超过50万元

资料来源：国家工业信息安全发展研究中心根据公开资料整理。

（五）软件人才成创新发展关键

人才是技术的载体、创新的根本，具备创新意识、扎实专业知识、洞悉趋势和实践能力的软件人才成为数字经济技术创新关键性、基础性的一环。目前，全国共有上海市、山东省、山西省、广东省、四川省等5个省市在软件政策规划中明确强调了软件人才引培工作要求，主要聚焦于高端软件人才引进和专业软件人才培育两个方向，同时各地均在个税减免、住房补贴、子女入学、医疗保障等方面针对高层次软件人才给予支持。但是在软件人才评价及储备、产教合作方面，各省市仍处于探索阶段，尚需顶层设计层面的深入指导。中国各地软件人才相关政策如表3所示。

表3 中国各地软件人才相关政策

发布地区	文件名	相关内容
上海市	《关于新时期促进上海市集成电路产业和软件产业高质量发展的若干政策》（沪府办规〔2021〕18号）	支持重点企业引进人才,加强重点企业人才住房保障,将经行业主管部门认定的集成电路企业和软件企业纳入市级人才公寓保障范围,国家级集成电路创新平台研发人员纳入市级人才租房补贴范围。加强高校人才培养能力建设,推动本市集成电路生产线和中试线向微电子学院开放。建立软件人才职业资质认证与职业能力评价衔接机制

续表

发布地区	文件名	相关内容
山西省	《山西省软件和信息技术服务业2020年行动计划》（晋工信软字〔2020〕81号）	进一步加强高校集成电路和软件专业建设，加快推进集成电路一级学科设置工作，加强微电子、信息科学、计算机科学、应用数学、化学工艺、材料科学与工程、自动化、人工智能等相关专业和学科建设。支持省内高校通信工程、计算机、信息安全等电子系统专业开设集成电路设计相关课程，微电子专业开设软件工程相关课程，加大复合型人才培养力度。支持有条件的高校派集成电路方向的教学科研人员出国（境）进修或培训。推动高职院校加强集成电路相关专业建设，鼓励企业联合职业院校培养技术能手
山东省	《关于加快推动软件产业高质量发展的实施意见》（鲁政办发〔2020〕1号）	①完善软件教育体系。推动中小学开齐开足信息技术课程，提高国民软件素养。鼓励高校强化软件学科建设，培养高层次软件人才。②深化产教融合发展。深化山东省高校与国内龙头企业校企合作、学科共建。建设各类人才实训创业基地，培养产业急需人才。③健全人才服务机制。对接国家和省级高层次人才计划，支持引进高端人才和创业团队，完善人才政策和激励机制，健全人才使用、评价办法
广东省	《广东省发展软件与信息服务战略性支柱产业集群行动计划（2021—2025年）》（粤工信信软〔2020〕137号）	加强人才队伍支撑。强化人才培养链与产业链、创新链有机衔接，鼓励高校联合重点企业、科研机构等，通过共建实习实训基地等各种方式，健全适应产业发展形势的人才培养体系，着力培养"高精尖缺"软件人才。创新招才引智机制，支持引进国内外一流的软件与信息服务重点领域的领军型、复合型、高技能人才和团队到广东省创新创业。落实高层次人才相关优惠政策，在个税减免、住房补贴、子女入学、医疗保障等方面给予支持
四川省	《四川省软件与信息服务业三年行动计划》	①引进高端人才。对符合条件的高端人才，在人才引进、住房保障、薪酬奖励、股权激励、子女教育等多方面给予政策支持，为软件与信息服务业注入人才新力量。

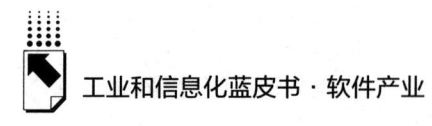

续表

发布地区	文件名	相关内容
四川省	《四川省软件与信息服务业三年行动计划》	②培养专业人才。进一步加强高校软件与信息服务业学科建设,推动国家级、省级示范性软件学院建设,扶持地方高校软件、计算机及相关学科和专业的发展,培育满足产业发展需求的领军型人才、复合型人才和高技能人才。聚焦基础软件、核心工业软件等制约我国软件产业发展的关键环节和发展短板,以四川省软件基地(园区)、高等院校、大型企业为依托,鼓励开展校企合作、产教融合建设。 ③优化人才环境。建立集"产需对接、培训培养、能力测评、技能竞赛、双创孵化、诚信评价"为一体的软件人才发展公共服务平台

资料来源:国家工业信息安全发展研究中心根据公开资料整理。

技 术 篇

Technology Reports

B.4
2021年操作系统发展面临的机遇与挑战

李丹丹　张宏妮　闻书韵　冯璐铭　王英孺*

摘　要： 操作系统作为基础软件重要底座，是计算机系统的内核与基石。随着顶层政策持续加持，服务器操作系统、移动操作系统、智能网联汽车操作系统整体发展趋势向好，已基本形成以麒麟软件、统信软件、华为等企业为核心的阵营，但技术创新层面仍面临无法突破底层内核由国外主导的顽固困境。

---

* 李丹丹，国家工业信息安全发展研究中心软件所中级工程师，主要从事软件产业政策规划、软件园区、产融合作等领域研究工作；张宏妮，国家工业信息安全发展研究中心软件所初级工程师，主要从事软件产业政策、软件园区等领域研究工作；闻书韵，国家工业信息安全发展研究中心初级工程师，主要从事数据库、操作系统等领域研究工作；冯璐铭，国家工业信息安全发展研究中心工程师，主要从事操作系统、开源软件等领域的研究工作；王英孺，国家工业信息安全发展研究中心软件所助理工程师，主要从事软件产业政策、软件园区、软件人才等领域研究工作。

关键词： 操作系统　基础软件　开源

操作系统是用户和计算机的接口，同时也是计算机硬件和其他软件的接口。操作系统在计算机系统中处于承上启下的位置，操作系统的自主发展是基础软件高质量发展的重中之重，也是我国数字经济持续健康发展的核心支撑。

一　操作系统领域顶层政策规划持续加持

2021年，国家高度重视操作系统产业发展，不断优化顶层设计，出台了一系列政策，包含支持操作系统等基础软件行业优质发展、相关标准建设、加快操作系统应用等（见表1）。政策重点聚焦技术研发、应用、产业发展三方面。除此之外，还涉及企业创新联合体、企业税收及财政补贴等相关内容。

表1　2021年中国操作系统领域政策文件汇总

时间	政策名称	重点内容	政策类型
2021年10月	《关于规范金融业开源技术应用与发展的意见》	探索自主开源生态，重点在操作系统、数据库、中间件等基础软件领域和云计算、大数据、人工智能、区块链等新兴技术领域加快生态建设	技术支持
2021年9月	《物联网新型基础设施建设三年行动计划(2021—2023年)》	高端传感器、物联网芯片、物联网操作系统、新型短距离通信等关键技术水平和市场竞争力显著提升；突破MEMS传感器和物联网芯片的设计与制造，研发轻量级/分布式物联网操作系统	技术规划
2021年6月	《关于加快培育发展制造业优质企业的指导意见》	依托优质企业组建创新联合体或技术创新战略联盟，开展协同创新，加大基础软件、网络安全等领域关键核心技术、产品、装备攻关和示范应用	产业支持

续表

时间	政策名称	重点内容	政策类型
2021年3月	《中华人民共和国国民经济和社会发展第十四个五年规划和2035年远景目标纲要》	加快补齐基础零部件及元器件、基础软件等瓶颈短板。加强通用处理器、云计算系统和软件核心技术一体化研发。提升通信设备、核心电子元器件、关键软件等产业水平	技术规划
2021年1月	《工业互联网创新发展行动计划（2021—2023年）》	支持工业5G芯片模组、边缘计算专用芯片与操作系统、工业人工智能芯片、工业视觉传感器及行业机理模型等基础软硬件的研发突破	技术规划

资料来源：笔者根据公开资料整理。

为深入贯彻落实国家软件发展战略性文件，加快操作系统领域技术产品研发突破，建立自主创新的基础软件生态，部分软件发达地区如北京、上海、天津、江苏等高度关注操作系统发展，陆续出台针对性的政策规划（见表2）。大部分省市操作系统政策重点集中在操作系统技术研发上，包括工业操作系统、云操作系统，以及操作系统应用推广。

表2 2021年重点省市操作系统政策汇总

省市	政策名称	重点内容
北京	《北京市关于加快建设全球数字经济标杆城市的实施方案》	研发量子计算机操作系统；建设新一代数字原生城市操作系统；建设数字健康管理和智能医疗中台操作系统；打造终端产品、操作系统、应用服务一体化的产业新平台
北京	《北京市"十四五"时期高精尖产业发展规划》	鼓励产业互联网技术创新，推动边缘操作系统、工业软件等基础软硬件研发；加快突破高性能操作系统、嵌入式操作系统等基础软件技术

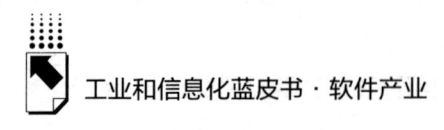

续表

省市	政策名称	重点内容
北京	《北京市"十四五"时期国际科技创新中心建设规划》	自动驾驶方面重点突破车控操作系统等智能决策技术;围绕车规级芯片、自动驾驶计算平台和操作系统等搭建公共服务平台,攻关关键共性技术,支持新能源智能网联汽车集群发展
上海	《上海市促进工业软件高质量发展行动计划(2021—2023年)》	整合产学研用多方力量,开展面向工控领域的实时操作系统;研制面向智能汽车和新能源汽车的车载操作系统和车控操作系统;发展工业云操作系统
上海	《上海市战略性新兴产业和先导产业发展"十四五"规划》	开发具有自主知识产权和通用性人工智能操作系统和控制软件;研制服务机器人分布式操作系统;重点发展嵌入式实时工业操作系统
上海	《上海市先进制造业发展"十四五"规划》	围绕具有自主知识产权的操作系统等基础软件,提升应用软件研发水平
天津	《天津市产业链高质量发展三年行动方案(2021—2023年)》	加快创建信创海河实验室,围绕操作系统、数据库、工业软件等领域突破一批"卡脖子"环节
天津	《天津市制造强市建设三年行动计划(2021—2023年)》	推动天津市操作系统在国产替代市场占有率超过60%,构建完整的信息技术创新产业终端设备产品体系
山西	《山西省"十四五"新产品规划》	加强国产操作系统迁移适配,打造国产操作系统、数据库、中间件、分布式存储软件等拳头产品
江苏	《江苏省"十四五"制造业高质量发展规划》	重点支持嵌入式实时操作系统研发,研发全场景网络操作系统,重点突破与自主创新CPU、整机、存储、外设等硬件高度适配的高性能操作系统,积极推动物联网操作系统、云操作系统、分布式数据库等新型基础软件研发和产业化
江苏	《江苏省"十四五"新能源汽车产业发展规划》	加强车载操作系统等关键技术攻关

续表

省市	政策名称	重点内容
浙江	《浙江省知识产权发展"十四五"规划》	加强高性能智能计算构架体系、智能算力等领域知识产权收储,补齐操作系统短板
安徽	《安徽省新能源汽车产业发展行动计划(2021—2023年)》	加强对基础数据与操作系统、生态网联化与智能化技术的研发,构建核心零部件技术供给体系
山东	《山东省"十四五"战略性新兴产业发展规划》	聚焦操作系统、人工智能等核心内容的新型工业基础,加强技术攻关,提升自主化发展水平
湖北	《湖北省数字经济发展"十四五"规划》	积极融入"信创+"产业生态,重点发展高可信服务器操作系统、安全桌面操作系统、大型通用数据库管理系统、中间件、基于网络协同的办公软件等自主可控基础软件产品及解决方案

在国家科技重大专项支持下,我国 CPU 研发"引进、消化、吸收"步伐加快,基于 X86、ARM、MIPS、Alpha、Power 等指令集的架构授权,发展出龙芯、兆芯、申威、飞腾、海思等一批国产 CPU 处理器品牌;基于开源的 Linux 系统和 Android 系统,推出一系列面向服务器、桌面、移动和嵌入式领域的国产操作系统,并在国防、教育、政府部门、邮政、电力等领域广泛运用,基于国产 CPU 和操作系统的核心技术生态初步形成。①

二 操作系统整体发展趋势向好

目前,国产操作系统行业已基本形成以麒麟软件、统信软件、华

---

① 中国电子信息产业发展研究院:《2018 中国信息技术产品安全可控年度发展报告》,http://www.cbdio.com/BigData/2018-09/30/content_5854317.htm。

为等企业为核心的阵营。

麒麟软件由中标软件和天津麒麟两家企业整合成立，拥有银河麒麟、中标麒麟两大品牌以及优麒麟开源操作系统。2021年10月27日，麒麟软件发布银河麒麟操作系统V10 SP1，增强了与移动软件之间的融合，支持安装和运行手机端的应用，兼容了Android生态。通过采用内外一体化安全体系，银河麒麟操作系统具有较好的安全机制，是国内外首款具有内生安全体系的操作系统。[①] 2021年12月，银河麒麟操作系统软硬件生态数量突破24万款。

统信软件由武汉深之度、南京诚迈科技、中兴新支点等操作系统厂商联合成立，旗下统信UOS产品包括桌面操作系统和服务器操作系统。2021年统信软件直接用户规模达到百万量级，接近300万。统信软件获得了等保2.0安全操作系统四级认证及UEFI安全启动认证。统信开源社区（deepin.org）用户超百万，遍布全球六大洲42个国家与地区，累计发布版本40余次，支持语言33种，累计下载量超过8000万次，提供开源代码近1000万行。2021年10月，统信软件华南生态中心落地广州，面向大湾区，辐射全华南，带动产业链上下游协同技术攻关。

华为将旗下鸿蒙操作系统和欧拉操作系统捐赠给开放原子开源基金会，分别形成了OpenHarmony和openEuler开源项目，实现了国产操作系统由企业主导向产业共建的转变。2021年，搭载HarmonyOS的华为设备数超过2.2亿台，openEuler系产品整体装机量超过102万套。在嵌入式操作系统方面，2021年2月翼辉信息完成1.5亿元B轮融资。2021年8月，翼辉信息自研的具有自主知识产权的SylixOS获得了德国TÜV SÜD集团颁发的IEC 61508（SIL3）/EN 50128

---

① 《国产操作系统银河麒麟V10 SP1正式发布》，IT之家，https：//baijiahao.baidu.com/s？id=1714774404444085445&wfr=spider&for=pc。

(SIL4)认证证书,标志着系统安全性已经达到了国际先进水平;9月发布了新一代智能边缘计算操作系统——爱智操作系统(EdgerOS),打造面向万物互联的智能边缘计算操作系统。

(一)基于 Linux 的服务器操作系统逐步发展壮大

从国内来看,几个主流的 Linux 厂商和科研机构先后推出了 Linux 服务器操作系统产品,并且已经在政府、企业等得到了应用。从国外来看,Novell(SuSe)、红帽公司等也相继推出了基于 Linux 的服务器系统。而且,从系统的整体水平来看,Linux 服务器操作系统与高端 Unix 系列相比差距越来越小,在很多领域已经实现了共存的局面。

针对上述差距,服务器操作系统结合国内用户的实际需求,在当前 Linux 服务器操作系统成果的基础上进行重点研发改进,实现完全自主创新,在政府企业办公、高性能计算、集群系统以及其他一些领域实现很好的使用效果。在区域结构上,华北、中南、华东是服务器操作系统最主要的市场,三者合计占了总体 81.4% 的市场份额,西北地区新经济发展带来新的市场需求,市场增幅较大,东北受制于产业信息化进程慢,市场份额较低。在行业领域上,互联网、运营商和政府占比均超过 10%,是比例最高的三个行业领域。受到政府上云、企业上云等云计算业务快速增长影响,政府以及传统制造业市场规模增长较快。

发展前景方面,企业上云、行业信息化都带来巨大的市场空间,且 CentOS 停服也释放一定的市场到商业发行版当中。近年来,国产 Linux 服务器操作系统稳定性在市场得到很好的验证,进一步加速国产 Linux 服务器操作系统向电信、金融、互联网等重点行业领域渗透,市场装机量有望快速增长。预计到 2024 年,中国服务器操作系统市场装机量将达到 561.3 万套。

（二）移动操作系统研发应用成为厂商重点发力方向

随着 iOS 和 Android 的发展，移动操作系统产业各方意识到围绕智能操作系统进行生态布局的重要性，加大了移动操作系统技术产品的研发力度，国内移动操作系统如雨后春笋般蓬勃发展。近年来，Windows Phone、Firefox OS、Tizen、Ubuntu、沃 Phone 等移动操作系统纷纷走向前台，随着华为鸿蒙系统的问世，移动操作系统市场"百家争鸣"态势愈演愈烈。现如今新型移动操作系统已经初见锋芒，且应用领域不局限于手机终端，在可穿戴设备、网联车等物联网领域也有了更加成熟的技术产品。

2021 年 6 月 2 日，华为正式发布 HarmonyOS 2 系统，以及数款搭载 HarmonyOS 2 的智能手机新品。这意味着华为手机将全面告别 Android 系统，HarmonyOS 也由此成为第一个搭载于智能手机的国产操作系统。除了手机，HarmonyOS 还可搭载于平板电脑、智能穿戴、智慧屏等多种终端设备。同年 9 月 25 日，华为宣布 OpenHarmony 将与 openEuler 能力共享、生态互通。目前两个操作系统的内核技术已经共享，未来还将在安全 OS、编程语言、设备驱动框架、分布式软总线方面能力共享。由此可见，未来 OpenHarmony 将与 openEuler 生态互通，形成更庞大、更具有竞争力的生态体系。截至 2021 年 4 月底，HarmonyOS 2 已适配 MateXs 2、P50 系列、Mate40 系列、P40 系列等超百款机型，而搭载 HarmonyOS 的华为设备数量更是超过 2.4 亿台，成为全球发展最快的移动终端操作系统。

此外，2021 年，元心科技加快自主研发的移动智能操作系统 SyberOS 迭代升级，推出了不同形态的多个版本。2020 年 6 月，中国移动自研物联网操作系统 OneOS 正式商用，有效支持跨芯片平台，满足万物互联时代应用的需求。2021 年 7 月，沃尔沃宣布将与谷歌合作，自主开发推出全新的沃尔沃汽车操作系统——VolvoCars. OS。

整体看来，产业界已经充分认识到移动操作系统布局的重要意义，其不仅攸关信息产业核心关键技术创新突破，更关系到未来移动终端产业的安全可控。

（三）智能网联汽车操作系统迎来突破发展机遇

2021年以来，智能网联汽车逐渐上升至国家战略层面，顶层设计不断优化，《车联网（智能网联汽车）产业发展行动计划》《智能汽车创新发展战略》《新能源汽车产业发展规划（2021—2035年）》等相继发布，分别从封闭测试、道路测试、示范应用、试运营、商业运营等多个维度明确了发展思路。2020年10月，《新能源汽车产业发展规划（2021—2035年）》中明确车规级芯片、车用操作系统、新型电子电气架构等关键技术，是汽车智能化的重点方向。在软件赋能新时代的发展背景下，车用操作系统成为智能网联汽车领域重点攻克的方向之一。

智能网联汽车操作系统是运行于车内的系统程序集合，具备管理硬件资源、隐藏内部逻辑提供软件平台、提供用户程序与系统交互接口、为上层应用提供基础服务等功能。根据使用场景不同，智能网联汽车操作系统可以分为经典车控操作系统、智能驾驶操作系统和智能座舱操作系统，分别适用于车身控制域、智能驾驶域和智能座舱域三大域控制器（见图1）。其中，经典车控操作系统、智能驾驶操作系统均属于车控操作系统。

图1 智能网联汽车操作系统分类

随着信息技术的发展,汽车产业逐渐向电动化、网联化、智能化的变革趋势发展,2021年全球科技公司、传统车企、新造车势力均积极打造自主研发的定制型操作系统,主要面向车载信息娱乐系统(IVI)和智能驾驶辅助系统(ADAS),比如谷歌Andriod、大众VW.OS、特斯拉Version、阿里巴巴AliOS等(见表3)。

表3 主要定制型操作系统及选用操作系统

企业	定制型操作系统	选用操作系统
谷歌	Android	Linux
苹果	iOS	UNIX
特斯拉	Version	Linux
大众	VW.OS	Linux/QNX/VxWorks
沃尔沃	VolvoCars.OS(计划)	Android
丰田	Entune、Arene(计划)	Linux(AGL)
宝马	BMW iDrive	Linux
百度	DuerOS	Android
阿里巴巴	AliOS	Linux
比亚迪	DiLink	Android
吉利	GKUI	Android
蔚来	NIO OS	QNX、Android
小鹏	XPILOT OS(智驾)/Xmart OS(座舱)	QNX/Android
威马	QNX SDP 7.0	QNX
理想	—	QNX

资料来源:李鲁苗、周玮《全球车用操作系统发展现状》,《汽车纵横》2022年1月刊。

在"软件定义汽车"时代,智能网联汽车操作系统涉及网络安全和信息安全,是下一代新能源汽车的根基。保持下一代新能源汽车竞争优势、建设汽车强国,发展自主的车用操作系统是当务之急,必须从顶层设计、技术创新、标准检测、推广应用等多方面推进自主操作系统的发展。

三 操作系统技术产品迎来新进步

2021年，在政策和市场因素的共同推动下，我国操作系统领域厂商持续发力，国产操作系统在技术和产品上都实现了跨越式发展，新技术新产品不断涌现（见表4）。

表4 中国操作系统产品发展情况

企业	事件
华为	2021年9月，国家能源集团与华为公司共同发布"矿鸿操作系统"，在采煤掘进系统智能化少人化、辅助运输系统连续化高效化、机电装备控制远程化地面化上发力。矿鸿操作系统成为在煤矿领域第一次实现统一的设备层操作系统，推动与一线场景加快应用和融合，加速矿山智能化水平提升
华为	2021年10月，华为正式发布HarmonyOS 3开发者预览版。预览版围绕弹性部署、超级终端、一次开发多端部署三个重点进行创新，将带来创新的异构组网技术，让分布式能力支撑更多设备、更佳性能；手机、平板、PC组合带来升级版多屏协同，三屏协作提升办公效率
华为	2021年11月，基于华为欧拉的云底座操作系统NestOS发布。NestOS将配置工具ignition与rpm-ostree、OCI支持、SElinux强化等技术集成在一起，采用基于双系统分区、容器技术和集群架构的设计思路，可以适应各种不同的基础设施环境，并与OKD紧密集成，针对运行Kubernetes进行了优化，使系统具备十分便捷的集群组建能力
统信软件	2021年8月，浙江移动联合统信软件、华为、亚信等合作伙伴成功打造操作系统及服务器解决方案，完成客户中心、业务大厅等核心系统无感知迁移，在电信行业内首次完成统信UOS操作系统在运营商核心系统投产
麒麟软件	2021年9月，由麒麟软件、西藏大学和国防科技大学共同开发的"银河麒麟桌面操作系统(藏文版)V10"在长沙正式发布。其操作系统及应用具备完善的藏语支持，藏语本地化覆盖率高达70%以上，可支持汉语、藏语、英语的灵活切换，满足用户的语言多元化需求
腾讯云	2021年11月，腾讯云正式对外公布分布式云战略，同时发布行业首家全域治理的云原生操作系统——遨驰Orca。该分布式云旨在为用户于多云、混合云场景下提供一致的产品服务和体验，通过集中管控位于不同位置的云资源和业务应用，帮助用户在任意位置获取需要的云资源与云服务

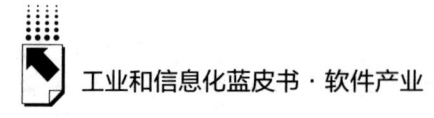

续表

企业	事件
移动	2021年9月,移动云发布基于龙蜥社区 Anolis OS 8.2 版本深度定制的 X86 服务器通用版操作系统 BC-Linux V8.2,与 RHEL 8、CentOS 8 软硬件生态100%兼容。BC-Linux V8.2版本搭载了标准内核 4.19 和 BEK（BigCloud Enterprise Kernel）内核 5.10 双内核,支持 TCP 层跟踪功能、离线调度算法、KATA 安全容器、OS 迁移工具、自动化部署工具等,在系统的性能、稳定性和安全性方面都做了深度优化和特性增强
	2021年12月,中国移动智慧家庭运营中心发布智慧家庭操作系统 AOS——具备多内核兼容、中立开放、安全可信等特性。AOS 融合系统底座和核心原子能力形成终端基本架构,提供 AOS-RM（富媒体）、AOS-NET（组网）、AOS-ONT（网关）、AOS-IPC（摄像头）、AOS-IOT（IoT 设备）五类可裁剪的分布式端侧系统,同时建设开放、智能、稳定的网络,提供场景化的高效连接服务,并升级已有能力和业务平台,提供完善的接入和管控服务
中软国际	2021年9月,中软国际与汇川技术达成战略合作,启动全球首款 OpenHarmony 工业智能操作系统,进一步围绕鸿蒙生态进行产业布局
深度	2021年11月,深度操作系统 20.3 正式发布,Stable 内核升级到 5.15 版本,增强对 Intel 12 代 U 和 NTFS 文件系统的支持,系统兼容性进一步提升。深度操作系统支持选择双内核（LTS+Stable）进行安装,同时也可以手动升级内核版本,部分深度应用新增及优化常用功能,满足不同场景下的使用需求
翼辉	2021年9月,翼辉信息宣布发布自主研发的新一代智能边缘计算操作系统——爱智操作系统（EdgerOS）,其主要功能是使设备具备智能边缘计算能力,为开发者提供基于互联网技术栈的操作系统平台
中科方德	2021年12月,中科方德软件有限公司发布基于欧拉开源操作系统的方德高可信服务器操作系统 V4.0（欧拉版）。此款操作系统可提供高可信支持,为企业级用户提供稳定、高效的软件运行支撑环境,满足系统稳定性、安全性、可靠性等要求,适用于党政军系统及金融、电信、能源、交通及医疗卫生等行业
蔚来	2021年8月,蔚来发布了 NIO OS 3.0.0 系统,并正式向用户开启推送。新版本系统主要新增组队出行、潮汐、全民 K 歌等多个全新功能,并优化了 NOMI、NIO Pilot 等功能体验:NIO OS 3.0.0 提升了 NOMI 的识别能力与唤醒成功率,NOMI 新增连续对话功能,并支持跨功能域语音指令;NIO Pilot 功能体验得到优化,优化部分加塞场景体验
燧炻创新	2021年11月,燧炻创新宣布基于 Chromium OS 的操作系统 FydeOS 已开源,openFyde 开源操作系统正式上线。FydeOS 是一款基于 Chromium OS 开源项目的操作系统,无须 Google 服务即可创建本地账号登录,带有完整的桌面版 Chromium 浏览器,并通过容器技术兼容安卓程序,是面向未来的云驱动操作系统

续表

企业	事件
OPPO	2021年9月,OPPO发布全新的ColorOS 12操作系统。系统针对流畅性进行了更加深度的优化,带来了全新的AI自流畅引擎,在减少内存、电量消耗、续航能力、读写性能等方面有所提升,同时支持跨屏互联
vivo	2021年12月,vivo表示全新手机操作系统——原系统OriginOS Ocean发布。原系统OriginOS Ocean针对桌面体系做到了全方位升级,UI设计、超级卡包和音乐等功能应用成为新亮点。OriginOS Ocean交互体验更便捷,全新的Note和影像体系,赋予用户更为强大的想象力与创作能力,并提高系统安全性,能够更好地保护用户的个人隐私
OpenCloudOS	2021年12月,开源操作系统社区OpenCloudOS正式宣布成立。该社区致力于打造一个完全中立、全面开放、安全稳定、高性能的操作系统及生态。腾讯及宝德、北京初心、北京红旗、飞腾、浪潮、龙芯中科、OPPO、先进川源等20余家操作系统生态厂商及用户成为首批创始单位

资料来源:根据公开资料整理。

从发展趋势上看,操作系统始终跟随着计算平台变迁,从能力、架构和生态模式等维度演进,呈现新的发展趋势。

从通用到专用,能力不断扩展。从当前产业格局上看,在传统PC及服务器等通用领域,国外企业市场占有率较高,并持续推进技术创新和产品研发,建立了较强的市场竞争壁垒。随着新技术向传统产业的加速渗透,作为基础软件之"魂",操作系统依旧是各专业领域信息化发展的核心。产业侧已充分认识到布局操作系统领域的重要性,纷纷面向多应用场景及专业领域操作系统的市场缺口开展业务布局,专业化操作系统发展前景较为广阔。

从封闭到开放,结构创新灵活。最早的操作系统是闭源的,Linux以开源模式打开了一个全新市场,引发了开源开放的趋势。近年来,我国在国际开源平台的代码贡献量持续攀升,共捐赠近30个开源项目给国际主流开源基金会如Linux基金会及Apache基金会。在操作系统领域,开源了深度Deepin、华为openEuler、北京大学

XiUOS等项目。操作系统产业发展正充分地利用开源、参与开源，以开放的产业发展环境驱动新型操作系统结构创新。

应用需求驱动，多样化趋势明显。随着移动互联网和物联网的发展，各行业领域的信息化步伐加快，出现了包括物联网操作系统、机器人操作系统等一系列面向不同领域的新型操作系统。随着人机物不断融合，操作系统的发展结合算力精度、强度等不同方面的需求而延伸，操作系统产业呈现多样化、灵活化的发展态势。

四 我国操作系统打破国外垄断局面困难重重

目前我国操作系统大部分都是基于Linux进行的二次开发，覆盖了桌面、终端和服务器等领域操作系统，技术创新无法突破底层内核由国外主导的顽固困境。例如，以"Windows+intel""Oracle+IBM"为代表的海外IT巨头凭借先发优势和长期积累，分别构建"软硬联盟"，形成系统化技术兼容壁垒，长期垄断桌面端和数据库系统，严重阻碍了我国技术生态建设和核心技术创新发展。

根据Statcounter统计，截至2021年7月，手机、平板、台式电脑组成的操作系统整体市场中Android、Windows和iOS+OS X全球市场占有率分别为41.42%、30.86%和16.10%+6.65%，共占据95.03%份额（见图2）；在中国的市场占有率分别为50.49%、29.27%和13.89%+1.67%，共占据95.32%份额（见图3）。具体至手机领域，Android和iOS占据绝大部分市场，全球市场占有率分别为72.72%和26.46%（见图4），在中国的市场占有率分别为78.56%和20.45%（见图5）。桌面操作系统中，Windows、OS X和Linux全球市场占有率分别为73.54%、15.87%和2.38%（见图6），在中国的市场占有率分别为83.67%、4.79%和0.42%（见图7）。目前以鸿蒙OS为代表的国产移动操作系统尚处于起步阶段。国内商用服务器操作系统、嵌入式操作系统市场基本也被国外企业占据。

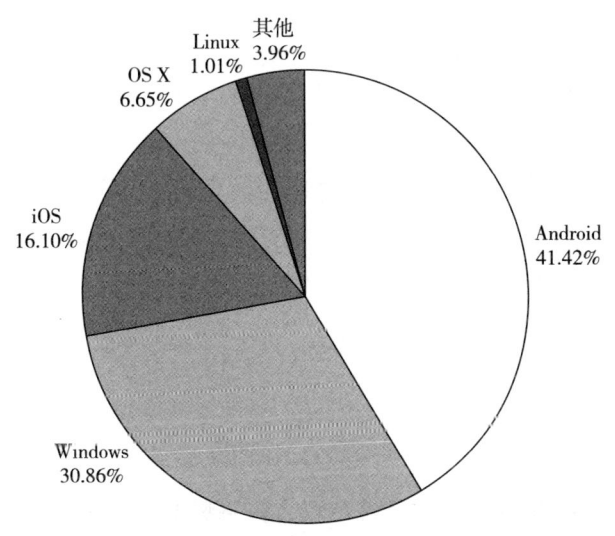

图 2　全球操作系统市场占有率情况（2021 年 2 月）

- Android 41.42%
- Windows 30.86%
- iOS 16.10%
- OS X 6.65%
- Linux 1.01%
- 其他 3.96%

资料来源：Statcounter，东北证券，下同。

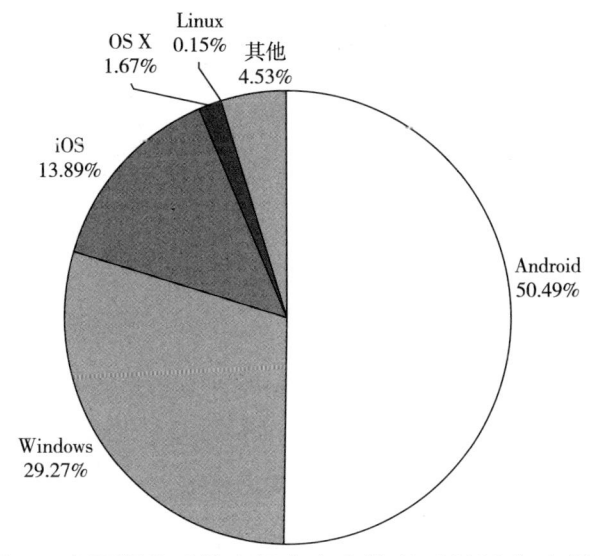

图 3　中国操作系统市场占有率情况（2021 年 2 月）

- Android 50.49%
- Windows 29.27%
- iOS 13.89%
- OS X 1.67%
- Linux 0.15%
- 其他 4.53%

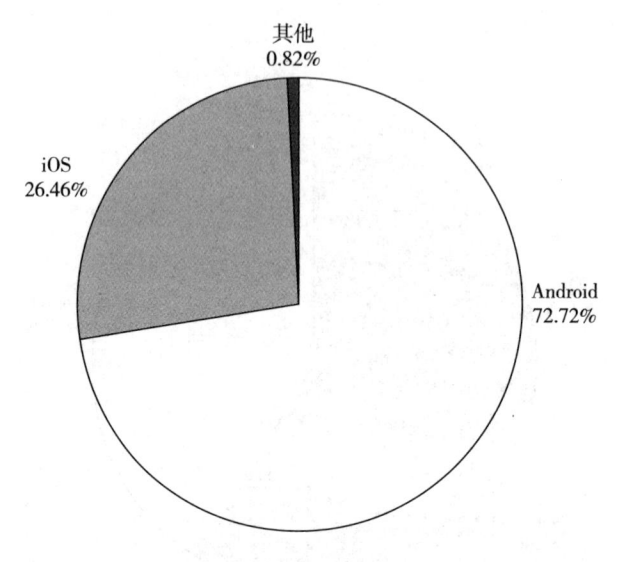

图4　全球手机操作系统市场占有率情况（2021年7月）

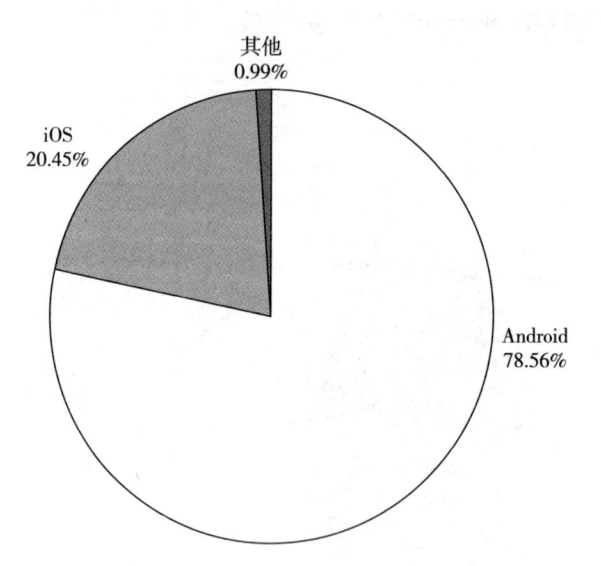

图5　中国手机操作系统市场占有率情况（2021年7月）

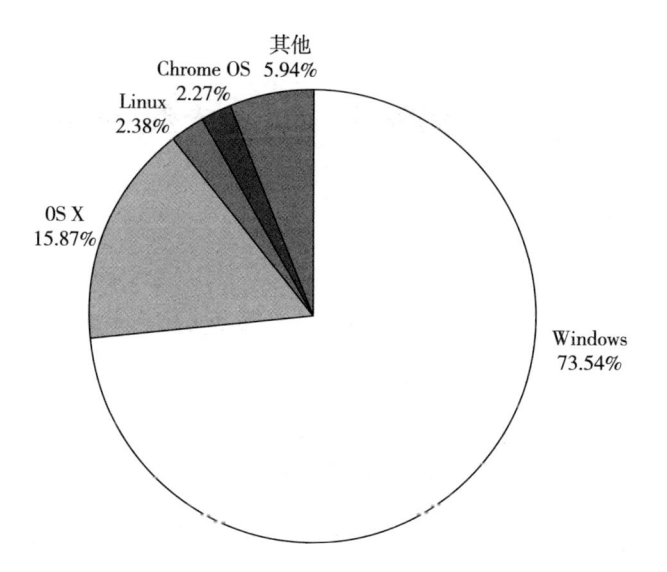

图6 全球桌面操作系统市场占有率情况（2021年7月）

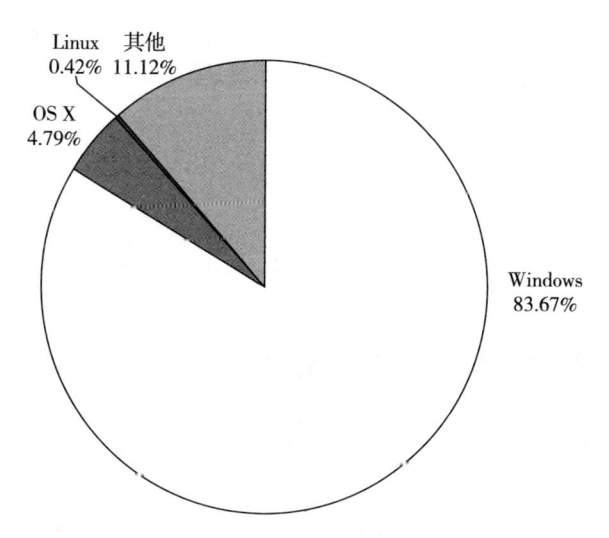

其他 5.94%
Chrome OS 2.27%
Linux 2.38%
OS X 15.87%
Windows 73.54%

图7 中国桌面操作系统市场占有率情况（2021年7月）

Linux 0.42%
其他 11.12%
OS X 4.79%
Windows 83.67%

B.5
国内外工业软件政策支持持续加码

孟嫣 田莉娟 米明威*

摘 要： 工业软件是现代工业数字化转型的"灵魂"，已成为推动制造业转型升级、实现新旧动能转换的关键力量。近年来，国内外出台多项利好政策，从资金投入、市场治理、财税、人才等方面进一步优化工业软件发展环境。尽管当前我国工业软件整体水平与欧美国家仍存在差距，但是在国家及地方的高度重视下，我国工业软件产业发展将统筹推进，前路光明可期。

关键词： 工业软件 产业政策 数字治理 反垄断

一 欧美工业软件政策支持持续加码

（一）美国力争工业软件霸主地位

一是持续加大对美国国内工业软件的支持力度。在美国政府

---

* 孟嫣，国家工业信息安全发展研究中心软件所助理工程师，主要从事工业软件技术产品、开源等领域研究工作；田莉娟，国家工业信息安全发展研究中心软件所助理工程师，主要从事软件生态、工业软件政策、软件产融合作等方面研究工作；米明威，国家工业信息安全发展研究中心软件所初级工程师，主要从事工业软件生态、技术、示范应用等领域研究工作。

推进制造业回流的大背景下，2021年6月，美国参议院通过了《创新与竞争法》，将机器人、自动化和先进制造列为"关键技术重点领域"。该法案还在美国国家科学基金会中设立技术和创新局，用以支持科学研究和技术开发，并提供资金等支持，旨在促进私营企业和研究型大学之间的合作。① 2022年初，美国众议院通过了《2022年美国竞争法》，该法案旨在为美国提供装备，促进半导体生产，提振美国经济，以便更好地与中国竞争。一旦获得最终通过，该法案将以520亿美元资金帮助半导体公司建立新工厂并资助研发，以450亿美元资金改善关键产品的供应链问题，并以1600亿美元资金用于科学研究和创新，工业软件作为研发制造的重要环节，也将得到该法案强有力的支持。② 二是在国际形势影响下，继续加强对其他国家的科技霸权主义的实施。美国商务部工业与安全局持续扩大其实体清单范围，将越来越多实体作为中国、俄罗斯等国家的军事最终用户加入实体清单，并限制其获取美国商品、软件和技术，工业软件成为被重点限制的领域之一。三是积极采取措施应对反垄断问题。在软件行业盛行的赢者通吃格局下，大型企业享有显著优势，创造了强大的生态系统，吸引了更多合作伙伴和客户。美国工业软件行业经历几十年的发展，已经形成较为稳定的巨头瓜分市场的格局，新生小型企业往往被行业巨头收购或击败，行业中存在的垄断风险越来越受到重视。2022年4月4日，美国司法部和美国联邦贸易委员会联合主办反

---

① SIDLEY, The U.S Innovation and Competition Act: Senate Passes Sweeping $250 Billion Bill to Bolster Scientific Innovation and Compete With China, https://www.sidley.com/zh-hans/insights/newsupdates/2021/06/an-overview-of-the-united-states-innovation-and-competition-act.

② NANCY PELOSI. H. R. 4521, The America COMPETES Act of 2022, https://www.speaker.gov/sites/speaker.house.gov/files/America%20COMPETES%20Act%20of%202022%20HR%204521.pdf.

托拉斯执法者峰会，并计划改革在数字平台市场、非价格竞争为主的市场中的垄断评估判定方法。

（二）欧洲加强工业数字化治理

一是积极争取"数字主权"。欧洲议会呼吁在欧盟层面采取行动尽可能地减少对中国等国家的技术依赖，欧洲理事会也强调需要进一步发展有竞争力、安全、包容的数字经济。2020年欧洲推出"地平线计划"（Horizon 2020），内容包括建立近800亿欧元的公共基金用于关键数字技术的研发和创新，并将取得工业领先地位作为其重点资助内容，包括对工业软件等为工业发展赋能的科技的资助。[①] 二是加强数字监管和治理。推动形成行业规范，以保障用户权益为核心诉求，侧面推动行业整体供给能力提升。2021年2月，欧盟理事会发布新的电子隐私条例提案；2021年4月，欧盟委员会拟定《人工智能法案》，对应用于各行业的各种嵌入式和非嵌入式人工智能软件系统提出规范治理框架；2022年2月，欧盟委员会发布《欧盟数据法》，旨在为数据共享、云交换和非个人数据的国际传输提供统一的框架，背后的主要逻辑是应该使每个为生成数据做出贡献的行为者都能够自由地访问这些数据，[②] 该法规的推行也将对进一步解决工业软件系统中的数据流通问题产生积极影响。

---

① European Commission, Horizon Europe-Investing to shape our future, https://ec.europa.eu/info/sites/default/files/research_and_innovation/strategy_on_research_and_innovation/presentations/horizon_europe/ec_rtd_he-investing-to-shape-our-future.pdf.

② European Commission, Shaping Europe's digital future, https://digital-strategy.ec.europa.eu/en/policies/data-act.

二　中国国家及地方出台多项政策支持工业软件发展

（一）国家政策空前重视工业软件发展

近年来，党中央、国务院对工业软件发展高度重视，积极推动顶层战略政策部署。2021年2月，工业软件首次入选科技部国家重点研发计划首批重点专项；2021年5月，习近平总书记在两院院士大会上发表重要讲话，首次强调了发展工业软件的紧迫性；2021年6月，工业和信息化部、科学技术部等六部门联合发布《关于加快培育发展制造业优质企业的指导意见》，提出推动产业数字化发展，大力推动自主可控工业软件推广应用，提高企业软件化水平；[1] 2021年11月，工业和信息化部印发《"十四五"软件和信息技术服务业发展规划》，提出重点突破工业软件；2021年12月，工业和信息化部、国家发展和改革委员会等八部门联合印发《"十四五"智能制造发展规划》，提出聚力研发工业软件产品，设置"工业软件突破提升行动"专栏。在统筹推进工业软件发展过程中，国家着重支持工业软件人才培养。2020年6月，教育部办公厅、工业和信息化部办公厅联合印发《特色化示范性软件学院建设指南（试行）》，提出在大型工业软件领域培育建设一批特色化示范性软件学院；[2] 2021年12月，工业和信息化部信息技术发展司组织召开特色化示范性软件学院建设

---

[1]《六部门关于加快培育发展制造业优质企业的指导意见》，中国政府网，http://www.gov.cn/zhengce/zhengceku/2021-07/03/content_5622135.htm。

[2]《教育部办公厅　工业和信息化部办公厅关于印发〈特色化示范性软件学院建设指南（试行）〉的通知》，中国教育新闻网，https://baijiahao.baidu.com/s?id=1669928437053702752&wfr=spider&for=pc。

工作座谈会,进一步推动特色化示范性软件学院的建设;① 2022年3月,首批33家特色化示范性软件学院名单公布,其中14家的重点建设领域包含大型工业软件。

(二)地方不断加大对工业软件的关注程度

在国家总体规划引领下,地方也在不断加大对工业软件的布局和支持力度。2021年全年,我国多省市发布的"十四五"软件产业发展规划对工业软件发展进行部署。《重庆市软件产业高质量发展"十四五"规划》提出着力发展工业软件并设置"工业软件重点研发方向"专栏,《江苏省"十四五"软件和信息技术服务业发展规划》将工业软件作为重点发展方向并设置"工业软件自主创新工程"专栏。我国各省市陆续出台制造业、工业互联网、电子信息等相关产业的"十四五"规划、政策措施、行动计划、工作方案等政策性文件,其中多项政策涉及促进工业软件发展的具体举措,以全力推动工业软件突破性发展。《北京工业互联网发展行动计划(2021—2023年)》提出实施工业软件突破发展行动计划,《广州市推进制造业数字化转型若干政策措施》提出支持工业软件研发及应用推广。部分地方政府针对工业软件推出专项政策。如上海市印发《上海市促进工业软件高质量发展行动计划(2021—2023年)》,湘潭市发布《湘潭市人民政府关于鼓励工业软件产业高质量发展的若干政策》。

三 结语

当前,国际形势风云变幻,而工业软件作为数字化时代工业的

---

① 《信息技术发展司组织召开特色化示范性软件学院建设工作座谈会》,工业和信息化部网站,https://www.miit.gov.cn/jgsj/xxjsfzs/rjcy/art/2021/art_f4ba2331f0c0465b9d4af55f5ccbc678.html。

"大脑和神经",成为各国为保障国家安全、提升国际竞争力和影响力而争相布局的重要领域。虽然当前我国工业软件整体水平与欧美国家存在差距,但在国家及地方高度重视下,政策指引不断强化,我国工业软件产业发展将统筹推进,迎来全新篇章,前路光明可期。

B.6
工业软件技术创新活跃开展

孟嫣 邓昌义*

摘　要： 2021年以来，工业软件技术创新活跃，主要技术趋势为新兴技术和架构的融合，包括人工智能、云计算、数字孪生、拓展现实等。国外工业软件企业争相展开转型和布局，在激烈竞争的同时广泛开展技术合作，强强联手，共同开拓创新；国内工业软件企业紧密跟随前沿趋势，同时在关键传统工业软件领域也加紧研发步伐，CAE、EDA、工控软件等领域均推出多项新产品。在关键核心技术未能掌握和实现突破的情况下，"换道超车"或难以实现。紧随前沿技术趋势，同时潜心攻克底层关键及核心技术，方为国产工业软件破局之道。

关键词： 工业软件技术　技术融合　联合创新

---

* 孟嫣，国家工业信息安全发展研究中心软件所助理工程师，主要从事工业软件技术产品、开源等领域研究工作；邓昌义，计算机应用技术博士，国家工业信息安全发展研究中心软件所所长助理，高级工程师，主要从事工业软件、数字孪生、信息物理系统等领域研究工作。

一 国外工业软件的新兴技术融合趋势

（一）融合应用工业人工智能和人工智能物联网

工业人工智能（AI）是与工业企业的物理操作系统和信息系统相关的AI。人工智能驱动的系统可以将基本的工业流程自动化并加以重塑，包括产品的开发和制造，以及供应链和现场的运营。工业智能物联网是工业AI的子集，是指在工业企业的IoT类型数据源上执行的AI。

近年来，许多主要的生产制造类工业软件供应商通过为工厂车间开发和提供AI平台形式的软件解决方案进入了AI市场。如ABB开发了Genix工业分析和AI套件，罗克韦尔自动化开发了FactoryTalk创新套件，施耐德电气研发了自主生产顾问平台等。还有一部分软件商选择在现有平台的基础上增加组件，如TangentWorks的InstantML和西门子的MindSphere平台上都增加了AI相关模块。与云计算厂商的合作为工业制造厂商发展AI拓宽了边界。2021年4月，西门子和谷歌云宣布合作，将谷歌数据云和AI/ML技术与西门子的工厂自动化系列产品整合，可帮助制造企业管理和利用工厂数据，在这些数据基础上运行AI/ML模型，并在网络边缘部署算法，这也为同机器视觉等新技术的融合创造了可能。[1]

同样积极应用AI/ML技术的还有集成电路EDA领域。新思科技提供了第一个用于处理器设计的商业AI软件DSO.ai，并在Hot Chips 2021大会上宣布计划开发一套完全集成的、依赖于人工智能的EDA

---

[1] IOT ANALYTICS, The rise of industrial AI and AIoT: 4 trends driving technology adoption, https://iot-analytics.com/rise-of-industrial-ai-aiot-4-trends-driving-technology-adoption/.

工具；Cadence 于 2021 年推出其首款创新的基于机器学习的设计工具 Cadence Cerebrus，以及融合了 ML 技术的新型 Allegro X 设计平台；西门子 EDA（原 Mentor）在整个 Calibre 平台上增加了 AI/ML 基础设施，并推出多种 AI/ML 技术。此外，芯片大厂英伟达、台积电等都采用 AI/ML 技术进行芯片设计和制造。

（二）加速开展数字孪生布局

数字孪生正成为工业软件巨头战略布局的新焦点。近年来，国外大型工业软件企业竞相推出数字孪生工具与解决方案。如 GE 推出数字孪生解决方案，可为用户创建并管理设备资产和网络的数字孪生体；西门子将多物理模拟与虚拟环境中的数据分析相结合，推出数字企业套件；罗克韦尔自动化推出用于虚拟调试、吞吐量模拟和工业演示的动态数字孪生软件 Emulate3D。大型 IT 企业如微软、IBM 等也在其物联网领域发展的基础上开展数字孪生业务。

各大厂商在推进自身数字孪生战略的同时，积极与其他巨头合作扩展数字孪生服务。生产控制类工业软硬件巨头和研发设计类工业软件厂商在数字孪生方面开展合作。如 ABB 与达索系统合作，将 ABB 在工业领域行业专业知识以及对全球客户的访问权限优势与达索系统在工程、制造和运营的全生命周期中提供的端到端工业软件产品相结合。工业制造领域厂商与大型基础软硬件提供商也展开数字孪生合作。如西门子与亚马逊云服务（AWS）的合作，将 AWS 可创建包含多个数据源的数字孪生工具 IoT twin maker 与西门子的设计、仿真和制造软件融合，提供基于云的数字孪生解决方案。①

---

① Industrial Engineering Knowledge Center, Digital Twin Software, http://nraoiekc.blogspot.com/2020/12/draft-digital-twin-software.html.

（三）全面推进云化及平台化转型

工业软件厂商云化趋势持续推进，尤其是向 SaaS/PaaS 的业务扩展或转型。国外大型工业软件企业纷纷宣布云化战略。2021 年西门子宣布向 SaaS 引领的业务过渡，并推出了 Xcelerator 即服务（XaaS），2022 年 4 月又在 Xcelerator 上增加了基于云的 CAD——NX™ X；同样于 2021 年，PTC 公司总裁兼首席执行官宣布公司将全面转向 SaaS，包括其 Creo、Windchill、ThingWorx 和 Vuforia 等所有产品系列，力图成为该市场的 SaaS 领导者。部分厂商通过收并购云化软件企业进一步向云端靠拢。如 2021 年 6 月，罗克韦尔自动化宣布收购制造 PaaS 厂商 Plex Systems，以丰富其工业云软件产品线。此外，数字化的深入进一步深化了工业软件厂商和云厂商的伙伴关系。如霍尼韦尔宣布与微软 Azure 云合作，将其本地应用程序迁移到云端，以帮助客户做出实时数据驱动决策；[①] 2022 年 2 月，Ansys 宣布与 AWS 进行战略合作，以转向基于云的工程模拟；2022 年 4 月，新思科技与微软合作推出 SaaS 解决方案 Synopsys Cloud，共同提供优化的基础设施以及云优化的、由人工智能驱动的设计工具。

二 国内工业软件紧跟前沿趋势，同时加速补充传统工业软件产品能力

（一）紧跟前沿趋势，融合新兴技术

一是工业软件产品纷纷向云趋势靠拢。2021 年华天软件正式发

---

① Automation World, Can We Automate from the Cloud?, https://www.automationworld.com/TakeFive/video/21735245/digitalization-drives-industrial-control-and-cloud-partnerships-take-five-with-automation-world.

布国内首款基于云架构的三维 CAD 平台 CrownCAD；蓝湖发布一站式产品设计协作工具 MasterGo；专注家居行业的三维家发布可在云端使用的自主 3D 设计软件 Sunvega 3D++；金蝶进一步重点发展其企业级 PaaS 平台金蝶云·苍穹并发布 RPA 产品方案。二是平台化趋势继续推进，尤其重点关注对工业流程中数据资源的利用。如山东新松推出致力于打造一"脑"多控控制体系的"跨域工业控制软件平台"；渊亭科技推出了行业首个对工业数据、资源与关系进行标准化管理和应用的"全栈工业知识图谱平台"；青云科技联合广州达谙推出打通数据采集、传输、分析、计算全链路的工业数据采集平台。三是其他新兴技术加速融合应用。如 ALVA 推出了基于 AR 技术的企业实时远程指导平台 ALVA Rainbow；安趋智能推出融合 AI 的工业领域低代码平台等。

（二）传统工业软件关键领域推出多项技术产品

从细分产品领域看，2021 年 CAE 领域各厂商接连发力。湖南迈曦软件推出覆盖了从仿真到优化完整设计流程的 CAE 全系列软件，励颐拓软件发布了具有自主知识产权的 CAE 仿真软件 LiToSim 2021 等。科研院所也发布系列重磅产品。如中国船舶集团发布自主研发的"系列船舶工业 CAE 软件"，包括具有完全自主知识产权的两个通用软件和三个专用软件；中国航天科工也推出系统设计与仿真软件，除此之外还发布包括云架构产品数据管理平台、云雀协同研发平台、工业物联网边缘云、健康管理云服务平台在内的系列工业软件，形成覆盖装备研制全过程的数字化整体解决方案。EDA 领域技术产品也取得进步。2021 年，合见工软、芯华章等企业均推出多款 EDA 产品；2022 年 4 月，合肥本源量子计算科技有限责任公司正式发布首个国产量子芯片设计工业软件本源坤元，在量子芯片设计工业软件新赛道上展开布局;① IC 设计厂商联发科宣布,其携手台大电资学院及至达科技的研究成果入选国际 EDA 研究领域最具影响力、历史最悠久的电子设计自动化会议（ACM/IEEE Design Automation Conference，DAC），论文中提出多目标强化学习的芯片摆置设计法,弹性超越 Google 之前于 Nature 期刊发布的算法。② 生产控制工业软件领域也推出多项新产品,如宝信软件发布自主研发的工业控制系统核心部件大型 PLC 产品;汇辰发布"云鸽"物联网 PLC 新品;国家能源集团研发出国内首套自主可控智能分散控制系统（iDCS）并进行成功应用。

三　结语

在新兴技术趋势的全面渗透下,工业软件技术产品迎来新一轮变革。从工业软件发展的历史来看,每次产品和技术的革新都是孕育新生"黑马"的时机,也给我国工业软件突围带来了新的机遇。然而工业软件的复杂性令其需要历经工业场景和技术的长期积淀,在关键核心技术未能掌握和实现突破的情况下,"换道超车"或难以实现。因此,紧跟前沿技术趋势,同时潜心攻克底层关键及核心技术,方为国产工业软件破局之道。

---

① 《安徽省新型研发机构本源量子发布国产首个量子芯片设计工业软件——本源坤元》,安徽省科学技术厅网站,http：//kjt.ah.gov.cn/kjzx/gzdt/120963911.html。
② icspec：《联发科、台大电资及至达研究成果入选 DAC 发表　推动 EDA 智慧化》,https：//www.icspec.com/news/article-details/2004735。

B.7
工业软件生态建设全面推进

孟嫣 姬晴晴*

摘 要: 当前,全球工业软件市场呈现寡头垄断格局,逐渐孕育庞大的生态系统。国外工业软件上下游之间密切嵌合,集成化发展态势明显,国内工业软件也在积极寻求产品间及上下游的集成适配合作。与此同时,国外工业软件厂商大力重视教育投入,国内也开展产教融合系列工作。目前我国工业软件企业普遍呈现"小、散、弱"特征,更应汇聚行业资源,形成发展合力。借鉴国外经验,共建生态是工业软件强盛的必由之路,产学研用各界应开放合作,助推产业更上层楼。

关键词: 工业软件生态 集成应用 产教合作

一 国外工业软件行业拥抱开放共赢生态

(一)合作应对行业共性难题

国外大型工业软件企业共同参与行业基础及前沿领域建设。如

---

* 孟嫣,国家工业信息安全发展研究中心软件所助理工程师,主要从事工业软件技术产品、开源等领域研究工作;姬晴晴,国家工业信息安全发展研究中心软件所工业软件研究部副主任,工程师,主要从事工业软件生态、数字经济等领域研究和推进工作。

2020年，数字孪生联盟（Digital Twin Consortium）成立，Ansys、微软、美国空军研究实验室、通用电气、Autodesk 等均是该联盟的创始成员；2022 年 2 月，法国达索系统和法国国家数字科技研究所 Inria 达成战略合作，共同应对健康虚拟孪生、网络安全和数字信任等方面的问题等。大型用户企业也通过与工业软件厂商的密切合作推动行业生态建设。如 2022 年 2 月，英特尔铸造服务（IFS）推出全面的生态系统联盟，与 EDA、IP 和设计服务企业开展广泛合作，新思科技、楷登电子、西门子、Ansys 等企业均参与其中，该项合作有助于确保工厂的铸造工艺和封装技术与主流 EDA 工具持续兼容。①

（二）加强系统集成示范应用

工业软件企业之间开展广泛集成。2020 年，西门子 PLM 平台与 SAP 的系统集成，旨在创建一个统一的工业 4.0 全流程数字化平台，两家公司也开展了系统的互销售；达索系统将 3DEXPERIENCE 平台与楷登电子 Allegro 平台集成，共同针对复杂互联电子系统提供多学科建模、仿真和优化功能。工业软件集成应用中不乏用户参与，通过需求牵引提升和扩展工业软件技术和服务。2021 年 2 月，楷登电子、微软与台积电合作，将 Cadence CloudBurst 平台和微软 Azure 云结合，利用云基础设施加速超 100 亿晶体管的数字签核。咨询公司等第三方服务企业也与工业软件企业共同开展示范应用。如埃森哲为更好地向其客户提供数字化咨询服务创建了工业 X 创新网络，并在全球各地部署 20 余家工业 X 创新中心，同时与达索系统等工

---

① intel, Intel Foundry Services Launches Ecosystem Alliance to Accelerate Customer Innovation, https：//www.intel.com/content/www/us/en/newsroom/news/intel-foundry-services-launches-ecosystem-alliance-accelerate-customer-innovation.html#gs.15ot8n.

业软件巨头合作，将优秀数字化解决方案在其工厂车间等环境进行部署展示。①

（三）持续推进人才教育投入

一方面，工业软件企业进一步完善教育平台，丰富教育资源。2021年10月，达索系统宣布推出全球性教育项目3DEXPERIENCE Edu Centers of Excellence，通过其3DEXPERIENCE平台为学生、专业人士、企业和政府等提供致力于体验式终身学习的中心网络。② 另一方面，工业软件厂商积极布局产教合作，培养高端复合型人才。2021年，Ansys与康奈尔大学合作开发基于仿真的在线课程，帮助学生理解软件在工程实际中的应用；罗克韦尔自动化和思科也与威斯康星大学合作，成立了威斯康星大学互联系统研究所（CSI），包括具有仿真功能的生产环境制造测试台、数字孪生实验室和OT网络安全实验室等；西门子与美国实验飞机协会（EAA）开展合作，旨在促进航空业的教育发展，提升青年参与度，同时西门子也正与新加坡理工学院（SIT）合作开设新的工业4.0专业。此外，国外工业软件企业也十分重视与中国的教育合作。2021年11月，Ansys向清华大学集成电路学院捐赠一批EDA软件，均为当前Ansys最先进的产品系列，用以满足清华大学多门本科生、研究生课程的教学实践需求；2022

---

① accenture, Ditital engineering and manufacturing services, https://www.accenture.com/us-en/services/digital-engineering-manufacturing-index?c=acn_glb_brandexpressiongoogle_12995217&n=psgs_0522&gclid=EAIaIQobChMIubaR7-739wIVrx6tBh1VygzzEAAYAyAAEgLdrvD_BwE&gclsrc=aw.ds.

② DASSAULT SYSTEMES, Dassault Systèmes Launches 3DEXPERIENCE Edu Centers of Excellence, Its Global Program to Empower the Workforce of the Future, https://www.3ds.com/newsroom/press-releases/dassault-systemes-launches-3dexperience-edu-centers-excellence-its-global-program-empower-workforce-future.

年 3 月,施耐德电气与国内 38 所职业院校启动产教融合项目,该项目由中国教育国际交流协会与施耐德电气牵头,推动中法产教融合人才培养。

二 国内工业软件生态各方积极展开合作

(一)产教融合逐步深化

一方面,高校借助自己孵化的工业软件企业或与其他工业软件厂商合作,开展技术产品研发创新。如 2021 年,彩虹无线联合浙江大学启动新能源整车 PHM 项目;深圳清华大学研究院投资组建的建设行业信息化解决方案提供商斯维尔科技,研发基于国产中望 CAD 的全专业算量—三维算量 2022 for 中望 CAD 软件,助力建设行业发展;2022 年 3 月,概伦电子携手北京大学、上海交大发布 FS-Pro HP-FWGMK 套件,进一步增强其半导体参数测试系统能力。另一方面,工业软件厂商与高校、高职等携手助力工业软件人才培养。如山东信息职业技术学院联合其他单位发起山东软件行业产教联盟,搭建多元协同育人平台;安世亚太向武汉工程大学捐赠 650 万元用于"自主工业软件产教融合创新研究与教学中心项目"建设,加强校企双方在人才培养、资源共享等方面的合作;和利时与北京化工大学签署校企合作协议以实现协同共赢发展;等等。此外,在特色化示范性软件学院相关政策带动下,高校与工业软件企业共同探索具有中国特色的软件人才产教融合培养路径,聚焦国家软件领军人才培养特色化新模式,培养适应新时代工业软件产业发展需求的拔尖复合型人才。

(二)协同创新日趋开放

工业软件厂商同上下游软硬件厂商携手并进。一方面是国产工业软件与国产软硬件厂商积极开展兼容适配。如2021年中望软件同中国长城合作打造全国产"CAD软件+整机"工业设计解决方案，同宝德合作推出全国产"CAD软件+服务器"解决方案，同麒麟信安共同打造全国产"CAD软件+操作系统"解决方案等。另一方面，工业软件厂商与上下游软硬件厂商联合进行产品和解决方案创新。如2021年11月，瑞松科技与腾讯云达成战略合作，双方联合打造SaaS工业软件；2022年3月，用友与华为云发布联合创新方案，双方共同打造业界首个云ERP本地化部署解决方案NCC IES，提供软硬一体ERP SaaS产品和服务。此外，工业软件行业资源进一步整合，行业协会等组织陆续成立。如2022年4月，全国两化融合标准化技术委员会工业软件标准工作组（SAC/TC573/WG8）正式成立，推动工业软件标准化进程；2021年11月，北京信息化和工业化融合服务联盟平台化设计专业委员会、中国仿真学会CAE仿真专业委员会两大平台化设计与仿真专业委员会成立，促进CAE仿真领域理论研讨、学术交流和技术进步。

（三）示范交流更加活跃

2021年，工业软件大会、论坛和赛事百花齐放。3月，2021工业软件创新应用大赛在东莞启动；6月，由中国国际智能产业博览会组委会、工业和信息化部、重庆市人民政府共同主办的2021中国工业软件大会在渝举办；12月，以"自立自强勇创新、强基铸魂构生态"为主题的首届国防科技工业软件高峰论坛在云端召开。同时，工业软件企业加强生态建设布局，如用友在2021生态大会上发布"五大生态计划"，加速BIP生态融合发展；华天软件牵头成立"山东智能设计与数字化制造技术创新中心"，致力于打造区域技术创新高地等。此外，在EDA领域国际赛事影响力方面，我国也取得了新进步。在ICCAD 2021（计算机辅助设计国际会议）上，华中科技大学的学生团队首次参赛,拿到了 EDA 布局布线算法的第一名;[1] 2022年4月,西安电子科技大学微电子学院研究生团队获得国际顶尖的集成电路物理设计学术会议 ISPD 竞赛的全球冠军,[2] 表明我国 EDA 人才新秀正在崛起。

三 结语

在当前全球工业软件寡头垄断的市场格局下,面临新的政策与技术挑战,工业软件行业竞合进一步加剧。当前我国工业软件企业普遍呈现"小、散、弱"的特征,更应汇聚行业资源,形成发展合力。借鉴国外经验,共建生态是工业软件强盛的必由之路,产学研用各界应加强开放合作,共同抓住行业发展机遇,培育产业良性生态,助力工业软件发展走深走实。

---

[1] 《恭喜!华中科大学生拿下 EDA 国际比赛算法第一》,科技富能量,https://page.om.qq.com/page/Oxb0p1_4YwbmuGANkeHWkemA0。

[2] 《新突破!西电学子问鼎 ISPD 国际集成电路物理设计竞赛冠军》,西安新闻网,https://www.xiancn.com/content/2022-04-07/content_6519790.htm。

B.8
国产数据库发展强劲

张 蕾 闻书韵 苏 仟*

摘　要： 数据库计算模式的改变和应用需求变化对数据库系统形态起到了至关重要的作用，也推动了数据库架构的迭代更新。近年来，新一轮科技革命迅猛发展，全球范围内创新型数据库产品快速涌现，市场格局剧烈变革，我国数据库产业进入重要发展机遇期。2021年，我国数据库产品技术百花齐放，产业生态逐步壮大，数据库产业再次进入创新周期的混沌状态，呈现关系型与非关系型并进、技术多元化发展等特点。

关键词： 数据库产业　产业生态　市场格局

　　数据库是计算机软件领域皇冠上的明珠，可以向下发挥硬件算力，向上支撑各类应用，在软硬件栈中起到了承上启下的作用。自从1964年数据库概念被提出，经过60年来的蓬勃发展，数据库已经被广泛应用到各行各业，成为IT领域不可或缺的基础软件。

---

* 张蕾，国家工业信息安全发展研究中心工程师，主要从事数据库、操作系统等领域研究工作；闻书韵，国家工业信息安全发展研究中心初级工程师，主要从事数据库、操作系统等领域研究工作；苏仟，国家工业信息安全发展研究中心工程师，主要从事数据库、操作系统等领域研究工作。

一 数据库市场格局日趋成熟

数据库作为基础软件三驾马车之一,是数据存取、管理和应用的核心工具,决定了IT运行处理数据的高效性,对我国信息产业构建及国家网络安全至关重要。

(一)数据库增长态势显著,市场空间巨大

2020~2022年中国数据库市场呈高增长态势。IDC发布的《2021年上半年中国关系型数据库软件市场跟踪报告》显示,2021年上半年中国关系型数据库软件市场规模为11.9亿美元,整体同比增长37.2%,其中,公有云关系型数据库规模6.7亿美元,同比增长50.1%;本地部署关系型数据库规模5.2亿美元,同比增长23.7%。预计到2025年,全球数据库市场规模将达到798亿美元,而中国数据库市场总规模将达到688亿元,年复合增长率(CAGR)为23.4%。[①] 未来五年,我国数据库市场空间巨大。由于我国数据库行业起步较晚,技术实力相对薄弱,经过几十年的发展,我国数据库已从无到有,取得了较大的成绩。据研究机构统计,截至2022年4月底,我国数据库产品提供商共计80家,企业总部主要集中在一线城市;数据库产品共计200余款。国产厂商厚积薄发,多类型数据库百花齐放,市场版图快速扩张,一系列产品、技术完全能够满足中低端应用需求,实现基本可用、够用。数据库基本的功能性能达到国外同等水平,在高级功能性能、易用好用方面,虽有局部亮点,但整体仍有较大差距。

---

① 《预计2025年,中国数据库市场规模占全球86%》,墨天轮,https://www.modb.pro/db/391670。

（二）数据库类型多维划分，单一产品兼具多重属性

按照不同的维度，数据库有不同划分。

1. 按数据结构模型，数据库可分为关系型数据库和非关系型数据库

关系型数据库（SQL）采用了关系模型来组织数据，以行和列的形式存储数据。关系型数据库行和列的集合被称为表，表的集合则组成数据库。其诞生40多年，已形成较为成熟的产品体系，代表产品有Oracle、MySQL、SQL Sever、PostgreSQL以及DB2等，其优点是事务的一致性，在金融等对数据完整性、一致性要求较高的领域得到广泛应用。

非关系型数据库（NoSQL），泛指除关系型数据库以外的数据库，是对关系型数据库的一种补充。非关系型数据库的产生是为了解决大规模数据集合多重数据种类带来的挑战，尤其是大数据应用难题，如键值存储数据库（Kay-value），典型产品有Memcached、Redis和Ehcache；列存储数据库，典型产品有Cassandra和HBase；面向文档数据库，典型产品有MongoDB和CouchDB；图形数据库，典型产品有Neo4J、InforGrid；时序数据库，典型产品有InfluxDB。非关系型数据库具有扩展性强、高并发读写、灵活的数据模型等特点，广泛应用于数据量大的业务系统。但是也存在明显的短板，如种类多，需要兼顾各类非关系型数据库（难度较大），无法对传统的数据类型（关系型）的应用进行升级等。

2. 按业务类型，数据库可分为操作型数据库（OLTP）、决策型数据库（OLAP）、事务分析混合处理型数据库（HTAP）

OLTP型数据库是一种面向交易的数据库，本质是以事务为单元的数据库管理系统，主要用于应对面向消费者的日常流水类业务。OLTP型数据库基于其优秀的事务一致性，被广泛应用于核心交易系统，又被称为实时交易系统。其存放数据的形式一般为行存数据，通

过 ETL 的清洗转换工具将数据导向面向分析的数据仓库中。重点使用此类数据库的场景包括金融、银行、核心政务系统等对实时性要求较高的系统。

OLAP 型数据库是一种面向分析的数据库，其本质是使分析人员、管理人员或执行人员能够从多种角度对从原始数据中转化出来的、能够真正为用户所理解的，并真实反映企业维特性的信息进行快速、一致、交互的存取，从而获得对数据更深入了解的一类软件技术。OLAP 型数据库大多采用列式数据存放方式，通过 ETL 工具从实时数据库中将数据导出到各类主题进行分析。此类技术在业界也被称为数据仓库技术，用于区分 OLTP 型数据库技术，应用场景大多为企业决策分析型应用。

HTAP 型数据库是 OLTP 和 OLAP 业务同时处理的系统，2014 年 Gartner 公司给出了严格的定义：混合事务/分析处理是一种新兴的应用体系结构，它打破了事务处理和分析之间的"墙"，支持更多的信息和"实时业务"的决策。因为 OLAP 型数据库大多需要离线将 OLTP 数据导出，所以就会造成数据时效性的降低。一些对决策时效性要求较高的场景就会对 OLTP 和 OLAP 混合的数据库需求较大（如对实时消费的分析决策推送类场景，高时效性的数据意味着精确的推送），所以衍生了 HTAP 数据库。此种数据库主要用于对实时分析需求较高的核心交易系统、核心业务系统。其数据的存放方式大多为行列混存方式。

3. 按网络架构，数据库可分为单机型数据库、存算分离型、集中式数据库和分布式数据库

单机数据库即传统意义上的数据库，又称为完全共享型（Shared Everything）数据库。数据库管理软件部署于单台服务器上（PC 服务器、小型机、大型机等），使用本地磁盘存放数据。

存算分离型数据库是指数据库管理软件依旧部署到单台服务器

上，但是利用高速网络技术将存储外挂，利用磁盘阵列、分布式存储等设备将单台服务器的有限存储进行拓展。

集中式数据库是指采用集中式架构，将数据存储在大型主机或小型机上进行集中管理，其操作系统、中间件、数据库等"基础软件"多为闭源商用系统。典型的集中式架构是IOE（IBM、Oracle、EMC）提供的计算设备、数据库技术和存储设备共同组成的系统，同时也是目前银行、电信等行业的主流应用模式。

分布式数据库是由若干个节点集合而成，它们通过网络联接在一起，每个节点都是一个独立的数据库系统，它们都拥有各自的数据库、中央处理机、存储，以及各自的局部数据库管理系统。分布式数据库具有高可用、高可靠、可扩展的特性，在Google、Amazon、Facebook、阿里巴巴、腾讯等互联网公司得到广泛应用。随着数据量大幅增长以及高并发环境下对数据处理能力的要求越来越高，分布式数据库也逐渐被金融行业关注和应用。

4. 云数据库

云数据库是指被优化或部署到一个虚拟计算环境中的数据库，具有按需付费、按需扩展、高可用性以及存储整合等优势，其本质是将各类数据库技术与云平台技术结合，通过虚拟化、容器化或者裸金属等方式将数据库进行云化管理，以服务的形式对用户进行交付，而非传统的License交付。云数据库不仅提供WEB界面进行配置、操作数据库实例，还提供可靠的数据备份和恢复、完备的安全管理、完善的监控、轻松扩展等功能支持。相对于用户自建数据库，云数据库具有更经济、更专业、更高效、更可靠、简单易用等特点，使用户能更专注于核心业务。

（三）数据库企业投融资井喷式爆发

公开资料显示，中国数据库市场规模2025年有望接近700亿元，市场上涌现越来越多的厂商，同时也受到大量资本的追捧。2019年开始资本大量进入中国数据库行业，2021年井喷式爆发，融资次数达到20多次，融资额度超过30亿元①，部分企业投融资情况详见表1。

表1　2021年部分数据库企业投融资情况汇总

时间	企业名称	轮次	金额	投资方
12月16日	人大金仓	战略融资	近2亿元	太极股份
12月9日	智奥科技	B轮	1亿元	方广资本、凯泰资本、亿联凯泰基金、朗玛峰创投
12月6日	创邻科技	A++轮	过亿元	同创伟业、达晨财智
11月29日	四维纵横	A轮	1亿元	东方富海、某头部云厂商
11月19日	拜贝思云计算科技	天使轮	300万美元	经纬创投、黄东旭
10月29日	矩阵起源	战略融资	数千万美元	钟鼎资本、五源资本、险峰K2VC、基石资本
9月28日	聚云位智	B轮	近亿元	达晨财智（领投）、朗玛峰创投、中翔资本
8月25日	偶数科技	B+轮	2亿元	腾讯投资（领投）、红杉资本中国、红点中国等
7月20日	PingCAP	E轮	数亿美元	红杉资本中国（领投）、新加坡政府投资公司（GIC）、BAI资本等
7月12日	睿帆科技	A轮	5000万元	东方通（领投）、沣扬资本
7月8日	人大金仓	战略融资	近亿元	太极股份、电科研投、南威软件、东华软件

---

① 墨天轮行业分析研究中心：《2022年4月中国数据库行业分析报告》，2022年4月。

续表

时间	公司名称	轮次	金额	投资方
6月22日	中科知道	天使轮	1200万元	泰岳梧桐资本
6月8日	矩阵起源	天使轮	千万级（美元）	五源资本、险峰K2VC、源来资本、微光创投
5月24日	涛思数据	B轮	4700万美元	经纬中国（领投）、GGV纪源资本、红杉资本中国等
5月9日	易鲸捷	战略投资	5769万元	中国软件
3月16日	青云科技	IPO上市	7.644亿元	公共股东
2月10日	爱可生	B轮	近亿元	云禾控股（领投）、涌铧投资、金蝶国际、芯湃资本（财务顾问）
2月1日	创邻科技	A+轮	数千万元	腾讯投资（领投）、高瓴创投
1月21日	新炬网络	IPO上市	5.59亿元	公共股东
1月18日	智臾科技	A轮	数千万元	朗玛峰创投

资料来源：墨天轮、国家工业信息安全发展研究中心。

从融资轮次上看，超六成投融资属于前期轮次。据不完全统计，2021年投融资事件中天使轮与A轮（含A+、A++）投资事件共8起，占比40%；B轮（含B+）投资事件5起，占比25%，详见图1。由此可见，超六成数据库企业投融资事件分布在早期阶段，侧面反映了数据库产业投融资整体还处于初期。

从融资规模上看，单个项目融资金额达亿元级的超七成，优质项目集中投资效应显现。从2021年数据库产业的投融资事件可以看出，人民币投资是主流，整体规模以亿元级为主，2021年发生的亿元级投融资项目达13个，详见图2。说明现阶段企业竞争壁垒基本形成，产品收益效果开始显现，因此更多地获得了资本方的关注。在国内外

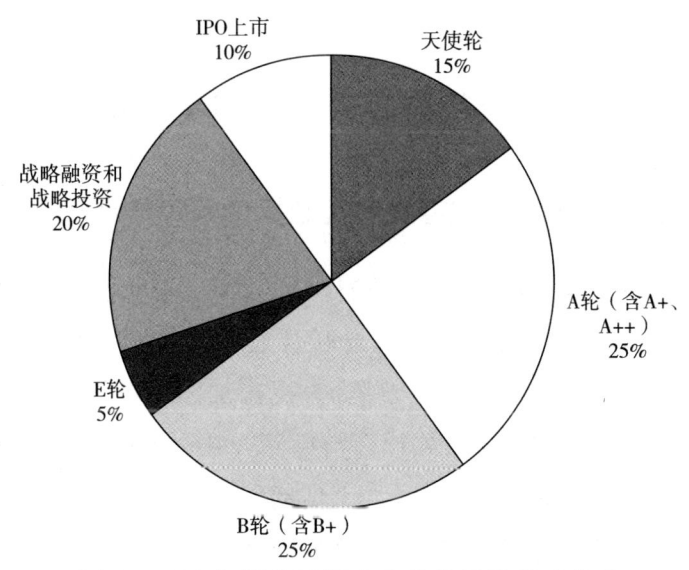

图 1　2021 年部分数据库企业投融资轮次分布

资料来源：国家工业信息安全发展研究中心整理。

各家公司百花齐放的大数据时代，在群雄逐鹿中获得资本青睐，是众多数据库初创企业必须面临的生存挑战。

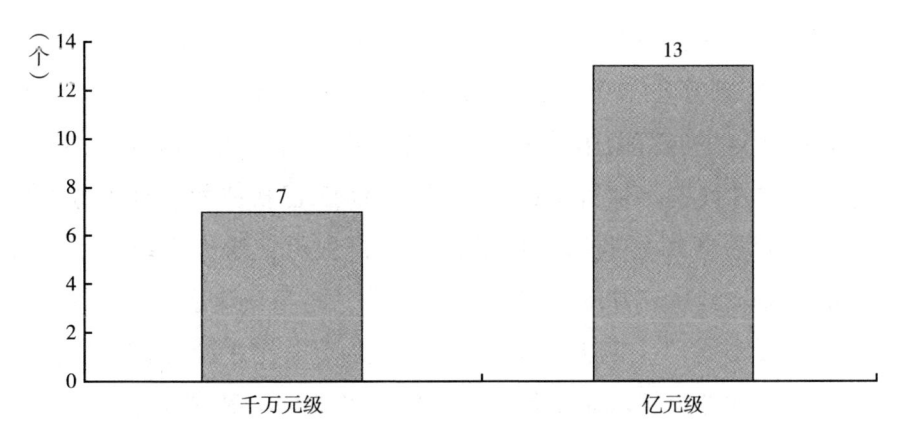

图 2　2021 年部分数据库企业投融资金额分布

资料来源：国家工业信息安全发展研究中心整理。

二 2021年数据库产业发展呈现新特点

(一)国家和地方双重发力,数据库政策体系趋于完善

国家层面持续加强对数据库的扶持。2021年5月,国家发改委、中央网信办、工信部、国家能源局联合发布《全国一体化大数据中心协同创新体系算力枢纽实施方案》,提出加强服务器芯片、操作系统、数据库、中间件、分布式计算与存储、数据流通模型等软硬件产品的规模化应用。2021年11月,工信部印发《"十四五"软件和信息技术服务业发展规划》,提出加速分布式数据库、混合事务分析处理数据库、共享内存数据库集群等产品研发和应用推广。2021年12月,中国人民银行印发《金融科技发展规划(2022—2025年)》,提出加强核心技术的应用攻关,加大关键软硬件技术金融应用的前瞻性与战略性研究攻关。

地方层面不断提高对数据库的重视程度。2021年全年,我国多省市发布的"十四五"软件产业或制造业发展规划均对数据库发展提出要求。《江苏省"十四五"软件和信息技术服务业发展规划》提出着力提高自主创新操作系统、数据库、中间件、工具软件、办公软件等基础软件性能,从可用迈向好用。《浙江省软件和信息服务业发展"十四五"规划》提出加快推进安全自主可控操作系统、中间件和数据库等领域核心基础技术和"卡脖子"环节的突破。《天津市制造业高质量发展"十四五"规划》提出推动操作系统、数据库、中间件、办公软件等领域研发创新,不断向产业前沿和高端领域迈进。

(二)关系型和非关系型齐头并进,开源产品异军突起

随着数据库应用市场蓬勃发展,需求和产品呈现多样化发展态

势，从产品层面分析，具有以下几个特点。一是关系型数据库产品仍为主流。当前，我国数据库产品从数量分布上以关系型为主，市场份额占据90%以上。① 我国关系型数据库产品多数基于MySQL和PostgreSQL二次开发而来。据粗略统计，截至2021年6月，我国数据库产品中关系型数据库与非关系型数据库占比约为60%和40%；关系型数据库产品不乏亮点成绩，如2021年5月20日，蚂蚁集团自主研发的分布式关系数据库OceanBase以1526万QphH的性能总分居TPC-H榜单第一。② 二是非关系型数据库产品异军突起。2021年，我国键值型数据库、列存数据库、文档数据库、图数据库、全文检索数据库等类型产品涌现，逐渐受到国际认可。DB-Engines官网显示，2021年5月的时序数据库流行度排名中，我国上榜的数据库产品已有两个，分别是浙江智臾和阿里云TSDB，依次位列第11名和第21名。因为图数据库能够支撑社交网络、金融反欺诈等互联网与金融场景的关联分析业务，所以行业关注热度自2016年以来逐渐升温。据不完全统计，我国图数据库产品数量为13款，自研程度较高。从供应商类型看，初创公司、云厂商、高校纷纷入局。三是行业单位同步推出了数据库产品。由于数据库产品与上层行业应用系统紧耦合，面向关键行业的单位也涉足数据库领域，推出了定制化的产品。2021年7月9日，国家电网有限公司具有自主知识产权的电力行业图数据库产品GridGraph在2021世界人工智能大会正式发布。2021年12月，恒生电子正式发布自主研发的金融分布式数据库LightDB。四是初创企业和巨头陆续投身开源市场。开源已成为数据库产业的共识。

---

① 《2021年中国数据库行业研究报告》，新浪新闻，http：//k.sina.com.cn/article_1796217437_6b101a5d0190100k7.html。
② 《蚂蚁集团自研数据库OceanBase决定开放源码：测评性能10倍于微软》，快科技，https：//baijiahao.baidu.com/s?id=1700966613930694458&wfr=spider&for=pc。

2021年1月，DB-Engines官网显示，开源许可证流行度首次超过商业许可证，开源数据库迎来新纪元。① 近些年，以巨杉、平凯星辰、涛思数据、欧若数网为代表的初创企业和以百度、华为、阿里云、蚂蚁金服为代表的巨头意识到开源有助于扩大人才规模及上下游生态影响力。针对开源，企业纷纷采取不同的商业模式。2021年3月，华为openGauss发布第一个Release版本；同年5月，阿里云宣布对外开放关系型数据库PolarDB for PostgreSQL源代码，同年6月，蚂蚁集团宣布开源OceanBase。

（三）技术方向多元演进，云化、分布式备受瞩目

大数据时代，数据量呈现爆炸式增长，数据存储结构也越来越灵活多样，日益变革的新兴业务需求促使数据库及应用系统的存在形式愈发丰富，这些变化均对数据库的各类能力不断提出挑战，推动数据库技术不断演进。

技术趋势一：云原生。随着云基础设施的逐渐成熟以及企业用户的需求（软硬件维护成本降低）推动，云数据库近十年也得到了蓬勃发展。目前云数据库分为数据库云服务和云原生数据库两类。数据库云服务（Database as a service）主要是将传统数据库部署到云基础设施上（虚拟机），实现轻松部署、开箱即用、自动运维（备份恢复、软件升级、扩容、高可用部署、安全管理等由云服务商提供）。其优势就是数据库用户不用关心数据库的安装和维护，云厂商提供了这些服务。而云原生数据库（Cloud-native database）则是为云架构而原生设计的数据库。目前的云原生数据库我们称为云原生数据库1.0，它是通过计算存储分离、日志即数据、一写多读等技术实现的云数据库。

---

① https：//db-engines.com/en/ranking_osvsc.

技术趋势二：分布式。随着信息社会的不断发展，数据库承载的数据量和业务量不断增加，数据库架构和部署模式也经历了单机工作站、集中式、分布式几个阶段的发展和演变。随着网络技术的发展，企业信息化进入了快速发展期，数据库的访问方式也逐渐从工作站模式向 Client/Server 模式转变，数据库承担的数据量和访问量不断增加。2010 年后，随着"互联网+"不断深入，电子商务的迅速发展引起全民购物狂欢浪潮，互联网金融让日常支付更加便捷，用户形成了数字货币结算的消费习惯，电子政务也让人民的生活越来越便捷。互联网业务的发展为数据库带来了诸多挑战。传统集中式数据库架构在新型互联网业务模式下面临诸多挑战，难以满足业务需求。解决这些问题的本质是要解决数据库扩展性问题，让数据库部署运行在多台服务器上，新型分布式数据库架构应运而生。

技术趋势三：端边云。随着物联网的发展和数字孪生技术的普及，端边云协同计算成为未来的发展趋势。例如，大型商场安装很多端侧的监控设备，如摄像头、水电管道监控、烟雾传感器等设备，这些设备实时采集多源异构信息，我们需要依赖端边云协同技术来利用这些信息实现智能的实时决策。首先，端侧（例如传感器、摄像头）实时采集信息，需要时序处理技术来获取、存储和分析各个端侧数据，实现数据采集和简单数据端侧实时分析。其次，边侧（大楼的机房和数据管理服务）需要实时汇聚、关联分析这些数据，实现近数据处理。对于计算力要求低的需求，可以通过边缘侧算力来实现实时决策，而对于计算力要求高的需求，可以通过将数据传输到云端，通过云端进行计算分析来实现复杂数据分析。最后，云侧主要实现数据的存储、复杂分析和决策支持。目前还没有端边云协同计算的数据库来支持端边云计算的场景。因此需要研究端边云协同的数据库系统。

技术趋势四：智能化。近年来，随着大数据、机器学习算法、新型硬件技术的发展，几乎所有行业对 AI 的需求都在快速增长。随着 AI 技术的发展，数据库和 AI 的功能界限变得模糊，单纯的数据库或 AI 系统已经不能满足很多业务的需求，用户侧需要的是兼具数据库和 AI 的混合分析功能。学术界和工业界开始探索利用 AI 方法扩展 SQL 的算子来支持 AI 算子，实现库内的训练和推理，并通过数据库内置 AI 算法来解决数据库管理、优化、运维等问题，因此 AI 赋能的智能数据库系统应运而生。借鉴 AI 技术，可以实现包括数据库的自优化、自管理、自监控、自恢复等在内的多维度高度自治功能。从功能角度看，智能数据库系统也被称为自治数据库系统；从技术角度看，智能数据库系统也可被称为 AI 赋能的数据库系统。

（四）行业应用向纵深发展，用户需求引领产业生态

一是已全面应用国产数据库的行业。对于党政、国防军工等已经开展数据库自主发展的行业领域，国产数据库已经可以满足数据库的安全性、可靠性等关键需求。后续产业界应结合行业应用，解决数据库的易维护性、易开发性等问题，满足全自主发展环境下的系统稳定性以及专业领域的定制需求等。一方面是自适应数据库配置、诊断、修复。例如，通过选择性地运行样例脚本库，采集、分析、处理信息；首先依据配置模板和内置的故障库，自动生成配置方案或诊断结果，对方案或诊断结果进行试运行评估，并进行自动反馈和修复。其次是持续开展兼容适配，在国产数据库之间向上屏蔽差异，降低移植适配成本，在纵向层面实现跨领域、深层次的综合优化。另一方面是面向专业领域数据库功能和性能的拓展开发，提升国产软硬件生态的支撑能力。

二是正在启动数据库国产化的行业。医疗行业对数据库的要求，除安全性和可靠性外，还有一些行业特点：一是数据的采集量大，地

理分布广;二是数据分析的数据量大且实时性要求高。针对这些特点,数据库将综合使用分布式数据库技术、HTAP、MPP 等解决方案,为医疗行业的应用做好技术支撑。金融行业对数据库的要求主要体现在:一是强一致性、稳定性;二是高并发、高性能。因此,国产数据库后续应着力解决分布式数据库、数据库集群技术在金融行业应用方面面临的挑战。例如,共享存储集群技术作为数据库面向中高端应用领域的核心技术,虽然已实现技术进步,但在金融核心业务中仍处于应用初期,需要尽快形成成熟的解决方案。

三是新场景新技术的应用。对于中小客户,数据库应持续优化系统内部模块级内存使用限制,突破小规格限制,支持在小规格机器上部署并稳定运行。在性能方面,对数据库内核不断优化,针对内存写入平滑性、系统并发执行、系统可用会话池、收发包内存等内存使用方面进行性能增强优化,进一步降低数据库对内存资源的消耗,提升数据库对内存资源的利用率;通过数据存储压缩等技术,降低成本和存储空间。在云支持方面,帮助用户实现多节点跨云部署,满足用户差异化的需求。

三 数据库生态逐步完善,新挑战新问题亟待攻关

(一)聚焦核心技术攻关,推动标准体系建设

首先,传统自研数据库产品的原创力薄弱,技术路线主要依赖于改进 MySQL、PostgreSQL 等开源数据库或者跟踪参照 Oracle、IBM DB2 等商业数据库,缺乏技术亮点和优势,产品在稳定性、容错能力、兼容性、扩展性等方面与国外领军产品差距较大。其次,购买国外厂商源码授权,虽然起步快,但是产品架构几乎不可能调整,核心

技术仍受制于人，并且短期内也无法完全消化掌握其核心技术，在版本更新、客户新需求响应等方面处于劣势。最后，新兴数据库技术仍处于探索阶段，以云数据库为例，以阿里、腾讯为代表的互联网企业自研的数据库产品刚刚起步，且与自身云业务绑定，行业通用性、跨平台兼容性、安全性需要进一步优化。因此，在关键核心技术发展方面，要充分调动产学研用多方力量，协同攻关，解决技术瓶颈问题，不断提高产品质量，进而建立面向我国数据库自主技术路线的标准体系，从关键技术、技术迁移、适配兼容、行业应用等多维度建立标准规范。

（二）加强顶层政策支持，提升产品的成熟度

近年来在各级政策支持和各方努力下，国产数据库在党政、国防军工等行业得到了重点应用，同时也促使产品技术不断迭代升级。在此过程中，由于适配工作缺乏统一的组织管理，大大增加了适配的难度和工作量。一是多数适配环境功能单一、部署分散，无法满足版本升级、芯片换代、接口规范不统一、应用场景多样化的适配需求。如国产操作系统市场占有率较高的有麒麟软件、统信UOS等，数据库适配既要考虑不同品牌的操作系统，还要考虑特定的行业需求，简单的适配环境无法满足要求。二是尚未建立标准化、规范化的兼容适配测试流程和服务体系，缺乏配套的标准、语法、应用功能、安全容灾等公共软硬件适配资源支持。三是基于国内丰富业务场景需求的公共测试数据集缺乏，国际数据库测试 TPC 等测试集无法覆盖国内重点领域的业务场景需求，并且缺少自动化测试工具，测试效率不高。因此，应加强顶层政策支持，充分利用好行业主管部门的基地或实验室等机构，加强供需双方的产用协同，共同解决一些共性的技术和产品问题，推出成熟度更高的数据库产品。

（三）加强人才体系建设，优化产业发展环境

从研发投入看，数据库产业基础薄弱，长期需要大量的资金、人才的投入，虽然国家当前支持力度很大，企业也有一定的投入，但是仍无法满足现实研发需求，数据库人才稀缺。如 Informix 源代码主要模块的源代码有 2000 多万行，核心研发队伍超过 200 人，测试和周边团队有 300 多人，而引进 Informix 的华胜天成、南大通用研发投入不足 40 人①，人员数量差距较大。另外，缺少数据库内核研发的高端人才和数据库产品经理。目前，数据库从业者多从事国外数据库外围服务，具备数据库底层核心设计与研发能力的人才凤毛麟角。因此，需加强数据库人才培育，从人才培养体系维度优化产业发展环境。一是重视产教结合，积极探索企业和高校联合培养新模式，探索建立数据库实训基地，注重高校人才基础开发能力和实操能力的培养。二是企业内部要结合自身需求，建立人才培养机制。三是加强国产数据库技术的宣传和推广。注重国产数据库技术培训教材的编制，让国产数据库走进校园；同时，建立完善职业再教育培训机制，进一步促进数据库产业人才增加。

（四）坚持应用牵引机制，构建产业链新生态

一方面，国内数据库市场长期被国外厂商占据，导致国内用户对于国产数据库产品"不了解、不信任"，国产数据库企业早期没有良好的用户市场，其数据库产品无法在用户使用中迭代优化；另一方面，国产数据库学习资源较少，用户缺少学习国产数据库的平台和资料，难以独自解决问题。

国产数据库企业较多注重合作伙伴和客户，却忽视了面向产品、

---

① 国家工业信息安全发展研究中心统计。

数据管理员的用户生态。当前，我国正在构建以内循环为主，国内国际双循环相互促进的新格局。因此，应抓住这次以外力促进提升内功的机会，坚持以应用需求为牵引，以典型核心业务场景为突破口，找准产品市场竞争力的落脚点和发力点，打造高质量的数据库产品，助力国产数据库抢占关键重要市场。同时，坚持目标引领和问题导向，打通产业侧、用户侧合作壁垒，聚集资源能力优势，形成需求、问题反馈和响应通路，构建数据库产业链供应链新生态。

B.9
2021年中国区块链产业发展现状与趋势

杨梦琦 种法辉*

摘　要： 区块链经过多年的发展，其应用逐步脱虚向实。2021年，我国区块链产业顶层规划路径明确，与此同时虚拟货币被定性为非法，"挖矿"活动逐渐退出。技术方面，2021年见证了在共识机制等方面零星式进步的态势，以"区块链+隐私计算"为代表的融通发展取得了可观的成果。标准方面，国内区块链标准体系的四梁八柱确立，且国家标准和团体标准研制进展迅速，我国在国际标准制定中的话语权也进一步提升。应用方面，以政务和司法为代表的成熟领域继续深耕，与此同时，能源、电力等传统领域的一些场景异军突起，数字藏品等全新的应用领域也正在萌芽。产业方面，我国专利数量领先、企业数量增长、开源生态扩张，但仍然面临人才数量和质量的短板。

关键词： 区块链　关键技术　技术应用

---

* 杨梦琦，国家工业信息安全发展研究中心软件所初级工程师，主要从事区块链、NFT等领域研究工作；种法辉，管理科学与工程专业博士，国家工业信息安全发展研究中心软件所新兴技术研究部主任，主要从事新一代信息技术领域研究工作。

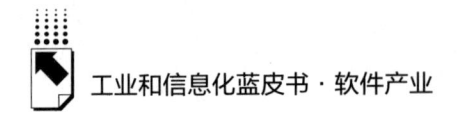

一 引言

区块链是指利用块链式数据结构来验证与存储数据,利用分布式节点共识算法来生成和更新数据,利用密码学的方式保证数据传输和访问的安全利用,利用由自动化脚本代码组成的智能合约来编程和操作数据的一种全新的分布式基础架构与计算范式。从最初的比特币到当今各行各业百花齐放的应用落地,区块链应用逐步脱虚向实,推动着"信息互联网"向"价值互联网"变迁。

我国"十三五"期间即开始了对区块链产业的布局。早在2016年,工业和信息化部(以下简称"工信部")即发布了《中国区块链技术和应用发展白皮书(2016)》提出各类发展建议。2019年10月,习近平总书记在中共中央政治局第十八次集体学习中提出加快推动区块链技术和产业创新发展,将区块链技术作为关键技术自主创新的突破口。2020年4月,国家发改委首次明确"新基建"范围并将区块链纳入。2021年,我国"十四五"开局,伴随产业加速迈入数字化时代,区块链技术愈发受到重视,除了被写入《中华人民共和国国民经济和社会发展第十四个五年规划和2035年远景目标纲要》外,工信部与网信办还发布了区块链专项指导意见以推动产业发展。

本报告将从政策、技术、标准、应用和产业五个维度出发,梳理2021年国内区块链产业发展动态,分析其中的问题与趋势。

二 政策:顶层规划路径明确,对虚拟货币态度收紧

(一)顶层规划路径明确

相对于地方政策在中共中央政治局第十八次集体学习后的井喷式

出台，国家层面的区块链政策规划主要集中在2021年。表1列示了2021年国家层面主要区块链政策。

表1　2021年国家层面主要区块链政策

发布机构	政策名称	主要内容及相关情况
全国人大	《中华人民共和国国民经济和社会发展第十四个五年规划和2035年远景目标纲要》	区块链被作为数字经济重点产业之一，文件要求推动智能合约、共识算法、加密算法、分布式系统等区块链技术创新，以联盟链为重点发展区块链服务平台和金融科技、供应链管理、政务服务等领域应用方案，完善监管机制
工信部、中央网信办	《关于加快推动区块链技术应用和产业发展的指导意见》	明确到2025年，区块链产业综合实力达到世界先进水平，产业初具规模。区块链应用渗透到经济社会多个领域，在产品溯源、数据流通、供应链管理等领域培育一批知名产品，形成场景化示范应用。培育3~5家具有国际竞争力的骨干企业和一批创新引领型企业，打造3~5个区块链产业发展集聚区。区块链标准体系初步建立。形成支撑产业发展的专业人才队伍，区块链产业生态基本完善。区块链有效支撑制造强国、网络强国、数字中国战略，为推进国家治理体系和治理能力现代化发挥重要作用
工信部	《"十四五"软件和信息技术服务业发展规划》	提出布局区块链等新兴平台软件，加快区块链共识算法、加密算法、高效安全智能合约、分布式系统等关键技术研发。支持区块链底层技术平台、区块链服务平台等建设。加强金融科技、供应链管理、政府服务等重点领域应用
中央网信办等十八部门	《关于组织申报区块链创新应用试点的通知》	旨在通过开展区块链创新应用试点行动推动经济社会数字化转型和高质量发展，覆盖实体经济、社会治理、民生服务、金融科技四个大类16个领域。试点入选名单已于2021年12月公示，包括15个综合性试点单位（地区）和164个特色领域试点单位

资料来源：根据公开资料整理。

（二）对虚拟货币态度收紧

国家在2013年、2017年和2018年即数次发文[①]强调虚拟货币潜在的洗钱、传销等法律风险并禁止金融机构提供相关业务，2020年《中华人民共和国中国人民银行法（修订草案征求意见稿）》也指出不得制作、发售代币票券和数字代币代替人民币在市场上流通。2021年，国家对虚拟货币监管态度全面收紧。

一是进一步明确虚拟货币的非法属性。相较于2013年《关于防范比特币风险的通知》要求加强对比特币互联网站的管理、2017年《关于防范代币发行融资风险的公告》要求加强代币融资交易平台的管理，2021年9月《关于进一步防范和处置虚拟货币交易炒作风险的通知》明确了虚拟货币相关业务（包括境外交易所向我国公民提供的服务）的非法金融活动属性，并指出虚拟货币及相关衍生品投资等相关民事法律行为的无效性。

二是全面整治"挖矿"活动。2021年9月《国家发展改革委等部门关于整治虚拟货币"挖矿"活动的通知》将虚拟货币"挖矿"活动列为淘汰类产业，要求严禁投资建设增量项目并加快有序退出存量项目。

三 技术：关键技术零星式进步，融通发展成绩可观

（一）关键技术零星进步

2021年见证了国内区块链核心技术在共识机制、网络、硬件等

[①] 分别为《关于防范比特币风险的通知》、《关于防范代币发行融资风险的公告》和《关于防范以"虚拟货币""区块链"名义进行非法集资的风险提示》。

方面的零星式进步，且开源是重要的发展趋势。

共识机制方面，中国科学院软件研究所张振峰团队与新泽西理工学院唐强团队提出了首个完全实用的异步共识算法——小飞象拜占庭容错算法。① 通过全新的可证明可靠广播原语与多值共识算法，小飞象将随机模块的调用从线性减少到常数，解决了异步共识算法在性能上的设计挑战，实现每秒近1.8万笔的交易吞吐量。

网络方面，长安链针对常用的P2P网络libp2p在区块链系统中兼容性和效率不足的问题发布了自研的区块链专用P2P网络Liquid，② 它具有多连接并发复用、大报文拆包并行传输、消息优先级管理等诸多特性。蚂蚁链发布了区块链高速通信网络BTN，③ 通过智能路由算法、高效传输协议、传输优化算法、虚拟专线保障等技术提升了区块链网络的稳定性、连通性和实时性，可以将区块链网络的吞吐量提升186%，带宽成本降低80%，时延降低40%。

硬件方面，开源自主可控区块链软硬件技术体系"长安链"发布，全球首款96核区块链专用加速芯片推出。④ 芯片基于RISC-V开放指令集定制设计专用处理器内核，超高性能区块链专用加速板卡可将区块链数字签名、验签速度提升20倍，区块链转账类智能合约处理速度提升50倍。蚂蚁链发布搭载平头哥玄铁803高性能处理器核心的可信上链芯片T1，其通过建立安全执行环境抵御各类软硬件攻

---

① 胡珉琦:《中科院软件所等提出国际首个完全实用的异步共识算法"小飞象"突破区块链共识设计挑战》, https://news.sciencenet.cn/htmlnews/2021/2/453018.shtm。
② 《长安链发布自研P2P网络Liquid，先睹为快》, 长安链CHAINMAKER, https://mp.weixin.qq.com/s/ahgUkgvUhfXLfpERse4wxA。
③ 《新发布！区块链高速通信网络BTN》, 蚂蚁集团, https://antchain.antgroup.com/community/articles/1331。
④ 《全球首款96核区块链专用加速芯片发布》, 光明网, https://m.gmw.cn/baijia/2021-06/17/1302362409.html。

击,通过区块链对关键数据进行数字签名和完整性验证。[①]

智能合约方面,FISCO BCOS 提出基于 Rust 的 Wasm 合约语言框架 Liquid。[②] Liquid 参考了 Parity 的 Wasm 合约语言框架 ink!,融合 FISCO BCOS 自身的合约特性,并在此基础上根据常用场景设计了线性资产模型(LAM)与可编程分布式协作(PDC)的场景适应型定制能力,降低相同场景下开发人员的负担。

互操作方面,一是链间互操作领域出现了国内首个开源跨链协议——陆羽跨链协议[③],其将各种区块链的调用协议进行统一抽象,向应用层提供统一的调用接口和参数定义,并实现了各链的数据结构与协议所定义的通用数据结构之间的相互转换。二是链上链下互操作领域,微众银行区块链推出开源联盟链可信预言机解决方案 Truora[④],其采用"多数据源+引入可信数据源"的方式解决数据源可信问题,通过支持集群部署等方式防止中心化预言机单点故障或作恶,并针对信任要求等级较高的场景提供多中心化预言机部署方案。

(二)融通发展成绩可观

作为一种数据处理和存储的方法,单独的区块链技术仅能保证数据存储的不可篡改、可追溯,其在各行各业的应用落地还需要与物联网、5G、云计算、大数据、人工智能等其他新一代信息技术融通,

---

[①] 《蚂蚁链发布自研区块链安全芯片 T1》,蚂蚁集团,https://antchain.antgroup.com/community/articles/1404。

[②] 《微众银行区块链开源基于 Rust 的 Wasm 合约语言框架 Liquid》,PATRACT,https://xie.infoq.cn/article/73e1eec530d63cbe3fc265a74。

[③] 《国内首个开源跨链协议上线 六银行布局区块链生态圈》,新华网,http://www.news.cn/fortune/2021-11/19/c_1128079061.htm。

[④] 《微众银行开源联盟链可信预言机 Truora,搭建数据可信上链桥梁》,微众银行区块链,https://jishuin.proginn.com/p/763bfbd3897a。

以满足区块链与物理世界连接、链上数据价值发掘等需求。我国区块链产业 2021 年在融通发展方面取得成效显著，主要集中于隐私计算、物联网和人工智能领域。

1. "区块链+隐私计算"赋能数据安全流通

隐私计算是人工智能、密码学、数据科学等众多领域交叉融合的跨学科技术体系，可以在处理和分析数据的过程中保持数据的"不可见"，具体主要包括多方安全计算、可信执行环境、联邦学习等。将区块链与隐私计算进行结合，可以协同建立多参与方数据共享共治的机制，有望逐步解决流程可溯、数据资产确权、计算过程协调等方面的问题，在 2021 年《个人信息保护法》《数据安全法》两部法律出台的背景下备受关注。①

国内腾讯、蚂蚁集团、趣链、八分量、微众银行等诸多企业在区块链与隐私计算方面进行布局并推出产品，其中 2021 年较为典型的案例有区块链网络平台 FAIR 和 WeDPR-PPC 多方大数据隐私计算平台。FAIR 为蚂蚁链于 10 月发布，将隐私计算与区块链融合到单个系统内，并通过深度融合软硬件技术构建了自主安全计算硬件，其全同态硬件加速则实现了百倍以上的性能提升。② WeDPR-PPC 由微众银行于 5 月推出，③ 其从联合报表、联合计算、隐私查询、联合预测、联合建模等技术场景切入，解决多方大数据协作中合规要求高、利益难保障、协作模式受限、学习曲线陡峭等痛点问题，具备亿级数据集处理能力、毫秒级端到端响应延时和敏捷低代码可视化

---

① 杨梦琦:《2021 年区块链十大热点事件》, https://mp.weixin.qq.com/s/mpyRdjXaXr6f22LIL0g1tg。
② 零壹智库:《生态重塑:区块链+隐私计算一线实践报告（2022）》, https://www.01caijing.com/finds/report/details/320572.htm。
③ 《微众银行首次参展数博会 展出多方大数据隐私计算平台》, 环球网, https://baijiahao.baidu.com/s?id=1700965937285438625&wfr=spider&for=pc。

编程功能。

2. "区块链+物联网"推动"物链网"时代到来

物联网是一种计算设备、机械、数字机器相互关联的系统，具备通用唯一识别码与通过网络传输数据的能力。物联网连接了物理与数字两个世界，是区块链可信数据的源头；区块链则可以提升物联网数据安全性，促进多主体协同。

近年出现了推动物联网向"物链网"过渡的区块链模组，即在传统物联网模组的基础上增加区块链应用框架，使之具备接入区块链网络的能力。[1] 2021年，蚂蚁链发布可信上链模组MaaS，[2] 通过基于设备唯一特征的可信根让电子设备自动连接区块链，实现物联网数据可信上链，并进行全流程加密。

3. "区块链+人工智能"最大化发掘数据价值

在数据井喷、算力突破和算法推动下，人工智能技术日趋成熟，成为新一轮科技革命和产业革命的重要驱动力量，与此同时也带来了数据安全、算法安全、算法的可解释性等问题。区块链通过整合碎片化数据、精细化访问控制、审计追踪数据和模型可以提高人工智能训练使用的数据质量，保障数据安全，获得更可靠的预测。

2021年"区块链+人工智能"方面较有代表性的进步有飞桨联合百度超级链推出的开源可信分布式AI产品链桨。[3] 其基于区块链构建分布式底层框架，实现数据全流程不可篡改、可追溯地上链存证；通过去中心化存储实现数据多副本加密存储，保障数据安全；利用

---

[1] 相关案例有甘道智能"物链1号"与广和通Cat.1区块链模组L610。
[2] 《首届蚂蚁链开发者大会，蚂蚁链放出这些大招》，巴比特资讯，https：//baijiahao.baidu.com/s？id=1703526703546890259&wfr=spider&for=pc。
[3] 《飞桨携手百度超级链推出首款可信分布式AI开源产品"链桨"》，CSDN，https：//blog.csdn.net/PaddlePaddle/article/details/121964810。

TEE可信计算，在保障数据安全且隐私不泄露的前提下完成多方数据协同计算；通过分布式机器学习实现对未来结果的预测。

四　标准：国内体系发展迅速，国际话语权持续增强

（一）国内标准体系发展迅速

当前我国国内区块链标准体系已经初步建立，尤其是2021年取得了一系列标志性的进展。

1. 四梁八柱确立

2021年是我国区块链标准化体系建设的重要年份，全国区块链和分布式记账技术标准化技术委员会（SAC/TC 590）的成立和《国家标准化发展纲要》的发布均标志了国内标准化工作四梁八柱的确立。

SAC/TC 590由工信部于2018年开始筹建，其筹建申请书中提出了基础、业务和应用、过程和方法、可信和互操作、信息安全等5类标准，并初步明确了21个标准化重点方向和未来一段时间内的标准化方案。① 2021年5月，SAC/TC 590由市场监管总局批准成立，对口国际标准化组织区块链技术委员会（ISO/TC307）。10月，第一届全国区块链和分布式记账技术标准化技术委员会成立大会暨第一次全体委员会议采取线上线下结合的方式在京召开，审议通过了《区块链标准体系建设指南（2021）》和2021年第一批启动立项标准计

---

① 《工信部公示区块链拟定标准框架和5类标准》，鞭牛士，https://baijiahao.baidu.com/s?id=1604514761761343074&wfr=spider&for=pc。

划。① SAC/TC 590 的成立是我国区块链标准化工作的里程碑和新起点，它将在完善顶层设计、组织重点攻关、推动实施应用、引领国际突破等方面发挥重要作用。

《国家标准化发展纲要》为中共中央、国务院于 2021 年 10 月发布，明确指出加强包括区块链在内的关键技术领域标准研究，同步部署技术研发、标准研制与产业推广。纲要是指导我国标准化中长期发展的纲领性文件、统筹推进标准化服务经济社会发展和标准化事业改革创新的行动指南，其对区块链领域的强调也显示了国家对区块链标准化工作推进的高度重视。②

2. 标准研制进展迅速

2021 年，国内区块链标准研制工作进展迅速，主要体现在国家标准与团体标准上。

虽然截至 2021 年底尚无标准文件正式发布，国家标准在 2021 年却取得了较大的进展，包括下达《信息技术 区块链应用服务中间件 参考架构》等推荐性国家标准计划 5 项③、首个区块链国家标准《信息技术 区块链和分布式记账技术 参考架构》公开征求意见（已进入报批状态）。④

---

① 中国电子技术标准化研究院：《全国区块链和分布式记账技术标准化技术委员会成立大会在京召开》，http：//www.cesi.cn/202111/7993.html。
② 市场监管总局：《聚焦〈国家标准化发展纲要〉！看看这场国新办新闻发布会讲了啥？》，https：//www.samr.gov.cn/xw/zj/202110/t20211020_335842.html。
③ 国家标准化管理委员会：《国家标准化管理委员会关于下达 2021 年第二批推荐性国家标准计划及相关标准外文版计划的通知》；国家标准化管理委员会：《国家标准化管理委员会关于下达 2021 年第一批推荐性国家标准计划及相关标准外文版计划的通知》。
④ 全国信息标准化技术委员会秘书处：《关于对国家标准〈信息技术 区块链和分布式记账技术 参考架构（征求意见稿）〉征求意见的函》；《中国首个区块链国家标准有望于明年发布，目前已进入报批状态》，腾讯网，https：//new.qq.com/omn/20211028/20211028A03Y4V00.html。

团体标准在当前数量最多、覆盖领域最广，在2021年经历了井喷式的数量增长，共发布标准文件45个。然而由于发展速度过快，团体标准出现了数量上供大于求、内容质量上不同标准文件中定义不统一的情况，可能导致行业无所适从，难以起到对产业发展的引导作用。①

（二）国际话语权持续增强

国际区块链标准化组织主要有ISO、ITU和IEEE，我国在其中均承担着重要的角色。在ISO标准化工作中，中国分别承担了分类和本体的编辑以及参考架构的联合编辑职务，②且国家标准化管理委员会是TC307的正式成员。ITU-T首个区块链标准项目F.DLS（分布式账本服务需求）标准研究由中国信息通信研究院、中国电信、电子科技大学联合提出。③清华大学博士袁昱发起了IEEE的第一个区块链标准协会CTS/BSC，并领导其快速发展。④

我国2021年在国际标准制定过程中的话语权持续增强，主要体现在ITU和IEEE的新增项目中（见表2）。2021年，ITU-T新增11个标准立项，其中10个为中国牵头；IEEE新增的5个项目全部为中国牵头。

---

① 种法辉、杨梦琦：《我国区块链产业形势分析与发展建议》，https：//mp.weixin.qq.com/s/HDSKOqYRBU_dJ3xGT6U_8g。
② 《中国年内再发3项区块链团体标准，抢攻国际标准话语权！》，DEEPTECH深科技，https：//baijiahao.baidu.com/s？id=1613547666608858757&wfr=spider&for=pc。
③ 《ITU-T启动区块链标准研究 信通院联合中国电信抢先布局》，《人民邮电报》2017年2月20日，https：//www.sohu.com/a/126764802_354877。
④ 《全球最大非营利性专业技术学会将迎来首位中国籍标准协会主席》，澎湃新闻，https：//baijiahao.baidu.com/s？id=1713143787950079907&wfr=spider&for=pc。

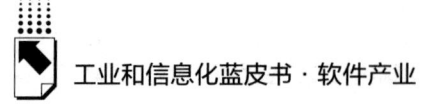

表2　2021年中国牵头立项的国际标准

组织	标准名称	牵头单位
ITU-T	H. DLT-TEE TEE-based confidential computing on distributed ledger technology system	阿里巴巴、中国信息通信研究院
	ITU-T F. DLT-FAM-Function assessment methods for distributed ledger technology(DLT) platforms	中国信息通信研究院
	ITU-T H. DLT-PAM-Performance assessment methods for distributed ledger technology(DLT) platforms	中国信息通信研究院
	ITU-T H. DLT-TFI-Technical Framework for DLT Interoperability	中国信息通信研究院
	Y. ICN-DLT Requirements and Functional Framework of Information Centric Networking to support Distributed Ledger Technology in IMT-2020 and beyond	中科院
	F. DLT-DMPG Requirements for DLT-based Data Management for Power Grid	趣链
	F. DLT-DPT Application Guideline for DLT-based Distributed Power Trading	趣链
	Y. MNS-DLT-fr Requirements and framework of mobile network sharing based on distributed ledger technology for IMT-2020 and beyond	中国联通
	Y. FMSC-DLT：Distributed ledger technology for fixed, mobile and satellite convergence in IMT-2020 networks and beyond	中国电信
	Y. NRS-DLT-arch：Functional architecture of network resource sharing based on distributed ledger technology	中国电信
IEEE	P2147. 1 Standard for Requirements of Integrated Consortium Chain Station	蚂蚁集团
	P3218 Standard for Using Blockchain for Carbon Trading Applications	国家电网
	P3217 Standard for Application Interface Specification for Blockchain Systems	上海树图区块链研究院
	P3219 Standard for Blockchain-based Zero-Trust Framework for Internet of Things(IoT)	四川长虹电子控股集团有限公司
	P3220 Guide for the Application of Non-Fungible Token(NFT) Based Digital Asset	北京太一云技术股份有限公司

资料来源：笔者整理。

五 应用：成熟领域继续深耕，新兴场景不断涌现

（一）成熟领域继续深耕

政务和司法是我国区块链落地较早、应用较为成熟的领域，也是当前区块链价值发挥较为成功的领域。2021年，政务和司法领域继续深耕区块链应用，取得了亮眼的成绩。

1. 政务服务：跨省通办便民惠民

区块链技术可以打通政府部门之间的信息孤岛、解决政务数据开放过程中数据安全问题与电子数据的信任问题，可以应用于电子证照、政务数据共享等诸多政务场景。得益于我国设计规划明确、国家治理体系和政务服务体系高度协同、在数字化政务等方面积累深厚等优势，[①] 政务是国内区块链应用落地较为成熟、价值发挥成功的领域之一。从概念验证到小范围试点，从区县级应用到省市级应用，区块链在数字政务中的应用持续深耕，在一些地区形成了覆盖多种数据、多种场景的一体化平台，极大地方便了人民群众营业登记、人力社保等相关业务的办理。本部分将以2021年底以专家评审得分第一入选国家区块链创新应用试点名单的海淀区为案例，阐释政务服务区块链的深耕与发展。

北京市海淀区于2018年开始区块链技术在政务服务领域应用的探索，并于2019年组织动员全区之力大力推广区块链应用，落地了"个人存量房交易"和"企业开办住所核验"两个应用场景。2020

---

① 《中国政务区块链应用全球领先，并推动社会治理体系持续升级》，资本实验室，https://baijiahao.baidu.com/s?id=1711590937864034548&wfr=spider&for=pc。

年，海淀区制定了《海淀区区块链政务服务领域深化应用工作方案》，启动了全区全场景深化应用工作，[①] 北京市首台运用区块链等新技术的政务服务终端也于2020年在海淀区政务服务中心投入使用。[②] 2021年底，海淀共有14类国家级数据、24类市级数据、6类区级数据实现链上应用。市公安局、市税务局、市民政局、市规自委、怀柔区等共计25个单位加入海淀区政务服务区块链联盟，累计实现605个政务服务应用场景落地，平均减少办事人提交材料40%以上，全区1454个事项实现全程网办，全程网办率达到80%，网办量达到196万件，在全市位居前列。[③]

在众多业务场景的拓展中，海淀区政务区块链2021年的显著进展当数"区块链+跨省通办"试点工作的启动，即在全国率先应用自主可控的长安链推进政务服务"跨省通办"，打破申请人必须在经营场所所在地申办业务的限制，实现政务服务事项"一地办"，解决群众"多地跑、时间长、成本高"等问题。[④] 自2021年4月开始，海淀区与广东省佛山市、四川省天府新区、河北省雄安新区、天津市南开区及滨海新区等7个地区实现跨省（区）通办，可办理通办事项3大类232项，截至上半年已产生办理量14件、查询量200余次。[⑤] 至2021年底，与海淀区签订通办协议的地区增加至10个，有效为办事企业和群众提供了异地代收代办的便利。

[①] 《海淀得分第一名！全国试点！》，北京海淀官方发布，https：//baijiahao.baidu.com/s？id=1721395673230672279&wfr=spider&for=pc。

[②] 《北京首台区块链政务终端亮相 海淀区一马当先》，《经济日报》，https：//baijiahao.baidu.com/s？id=1676762193387793213&wfr=spider&for=pc。

[③] 《政务服务用上区块链，北京海淀区1454个事项实现全程网办》，《新京报》，https：//baijiahao.baidu.com/s？id=1719207342133786777&wfr=spider&for=pc。

[④] 《北京海淀：区政务服务管理局"跨地域通办"再添一员》，北京海淀官方发布，https：//baijiahao.baidu.com/s？id=1700801599104034005&wfr=spider&for=pc。

[⑤] 《北京海淀"区块链+跨省通办"政务服务新模式初见成效》，腾讯网，https：//new.qq.com/omn/20210803/20210803A03UPO00.html。

2021年11月，《海淀区"十四五"时期政务服务发展规划》发布，提出实施区块链赋能行动，全面赋能"数字政务"提质增效，不断拓展多方共建、共享的政务服务联盟链节点，通过"摸底数、链系统、搭平台、智审批"，推进全面应用区块链技术场景落地。

2. 司法存证：应用地位稳步提高

我国司法存证区块链应用可追溯至2018年杭州互联网法院的华泰一媒案，当时，原告华泰一媒提交了一份利用区块链技术保存固定的特殊证据并且获得采信，首次确立了区块链存证电子证据的合法性。随后，应用区块链对电子证据进行固定保全的做法逐渐在我国司法行业普及，最高人民法院出台《互联网法院审理案件若干问题的规定》对区块链的存证效力予以解释并建设了面向全国法院提供统一数据存证验证服务的司法链平台。2021年，区块链技术在司法存证中的应用地位稳步提升，一方面获得了最高人民法院在政策层面的进一步认可，另一方面应用深度与广度有所拓展。

最高人民法院2021年5月出台的《人民法院在线诉讼规则》第十六条到第十九条对电子证据的法律效力问题做出了细致的规定，不仅认可了区块链电子证据的有效性，对证据采信在存证过程的公正性、技术平台达标性等方面的因素给出参考，而且对数据上链前的真实性问题做出解释。

应用拓展的典型非在国内开拓司法区块链应用先河的杭州市莫属，其在2021年不仅进一步深耕已有场景，而且推出了金融纠纷领域司法链智能合约等。已有场景方面，杭州互联网法院创新性地将"5G+区块链"应用到执行指挥中，实现指挥及时性与毫秒级存证，并在后续引入VR技术帮助观众形成对拍品的直观感受。① 2021年8

---

① 《「网聚法言」第十五期："5G+区块链"在智慧执行中的应用探索》，杭州互联网法院，https://baijiahao.baidu.com/s?id=1710667077326236864&wfr=spider&for=pc。

月,杭州互联网法院开展的集中执行"鲲鹏"行动中再次用到"5G+区块链",累计出动执行干警19人次,共搜查被执行人住所地、经营地3处,拘传1人,扣押小汽车5辆,共执行完毕5案,达成执行和解2案。① 创新拓展方面,西湖区人民法院推出金融纠纷领域的司法链智能合约,通过将协议转化为司法链智能合约进行存证,当事人可在无须打官司、没有强制执行程序的情况下成功结清权利与义务;② 杭州互联网法院上线全国首个跨境贸易司法解纷平台,通过司法区块链、5G智慧视频庭审等技术应用,破解涉外纠纷起诉难、取证难、送达难、开庭难等痛点难点问题。③

(二)新兴应用层出不穷

随着经济社会的发展、政策环境的变化,能源电力、金融服务等传统领域中的一些场景异军突起,一些全新的应用领域也正在萌芽。

1. 能源电力:重在"双碳"目标推进

随着"双碳"目标被纳入生态文明建设整体布局,能源电力领域中一些与可再生能源相关的场景异军突起,在2021年乘势发展。

(1) 绿色电力溯源

虽然我国风电、太阳能发电等新能源快速发展,国家也积极制定政策推动各社会主体参与清洁能源消纳,却难以从技术手段上对用户的消纳情况做到安全、透明、高效的追踪,也没有有效的技术手段为参与绿电交易的市场主体提供权威、可信的绿电消纳证明,向社会证

---

① 《"鲲鹏"行动进行时!杭州互联网法院集中执行护民生》,澎湃网,https://m.thepaper.cn/baijiahao_ 14212459。
② 《司法链智能合约增强诉前调解协议约束力执行力 浙江杭州西湖法院运用创新思维推进诉源治理 | 科技与法治》,澎湃网,https://m.thepaper.cn/baijiahao_ 12762890。
③ 《杭州互联网法院上线全国首个跨境贸易司法解纷平台》,澎湃网,https://m.thepaper.cn/baijiahao_ 15611451。

明用电主体减排担当。为此，国家电网应用区块链技术积极展开探索并以冬奥场馆全绿电供应为试点应用，使北京冬奥会成为展现我国绿色发展理念的重要平台和窗口。①

国家电网基于区块链的冬奥绿电溯源平台将发电、输电、交易、用电等整条绿电链各节点关键数据信息进行上链存证，实现数据不可篡改，并通过与外部系统集成完成业务数据的获取、利用算法分析进行数据计算。系统中，国网链主要提供基础从链接口调用以及冬奥绿电数据上链存证服务，数据层对数据进行建模和清洗，展示层以城市沙盘的形式展示冬奥绿电发—输—交易结算—消纳的全过程，完成冬奥绿电信息的前端展示，实现民众、奥组委对冬奥会绿色能源生产、传输、消纳全链条的动态实时感知。方案提升了绿电用量、绿电交易等信息的可信性和透明度，证明冬奥100%使用的是可再生能源电力。

（2）可再生能源消纳

为保障可再生能源消纳、促进可再生能源开发利用，国家设立可再生能源电力消纳保障机制对各省级行政区域设定可再生能源电力消纳责任权重。该机制下，责任主体除了实际使用绿色电力完成消纳配额，还可以通过购买超额消纳量和绿色证书的方式进行替代。超额消纳量是指一些责任主体除了完成自身配额外多余消纳的电量，绿色证书是根据可再生能源发电量等额生成的凭证。责任主体购买的超额消纳量或者绿色证书，可以换算成自身的消纳任务完成量。

区块链可再生能源消纳的典型案例有国家电网基于国网链搭建的可再生能源超额消纳凭证交易系统。② 该系统建设区块链身份认证体

---

① 《工业·案例丨基于区块链的冬奥绿电溯源平台》，可信区块链推进计划，https://mp.weixin.qq.com/s/y3bCq8D7ZoFvKxcOchQkAA。
② 《中国区块链发展战略研究项目发布"可再生能源消纳凭证交易"应用案例》，新浪财经，https://baijiahao.baidu.com/s?id=1701360759431695473&wfr=spider&for=pc。

系替代现有的第三方数字证书认证方式，基于智能合约实现消纳账户管理、凭证电子签名核发、凭证交易、交易记账等核心业务链上运作，并应用区块链电子签名核发包含电量原产地、消纳地、消纳主体、消纳时间、消纳电量等信息的消纳凭证，实现可再生能源电力消纳全生命周期溯源管理。

2. 金融服务：数字人民币是蓝海

我国于2020年开始数字人民币试点，并于2021年发布了《中国数字人民币的研发进展白皮书》。虽然白皮书中并未指明数字人民币是否应用区块链，但是数字人民币已然成为区块链的重要应用探索方向。此外，随着数字人民币支付的不断普及，当前金融相关区块链应用场景如何与数字人民币支付体系进行融合将是亟待探究的问题。

"区块链+数字人民币"在工资结算和电费支付场景中已有应用案例。2021年6月，中国银行河北雄安分行联动中国雄安集团数字城市科技有限公司通过雄安新区"区块链资金支付平台"成功实现雄安新区首笔"链上"数字人民币工资代发，这也标志着全国首个"区块链+数字人民币"应用场景顺利落地。① 9月，国网辽宁电力推广数字人民币在"电e宝""网上国网"APP缴纳电费试点项目正式接入"国网链"，将借助区块链防篡改、私钥加密等技术特性，为数字人民币的安全、可信支付提供底层技术方案。②

3. 数据交易：第五要素流通基础

数据是继土地、劳动力、资本、技术之后的第五大生产要素，

---

① 《全国首个"区块链+数字人民币"应用场景在雄安新区落地》，发改委官网，https://www.ndrc.gov.cn/xwdt/ztzl/jjyxtfz/202106/t20210629_1284747.html?code=&state=123。

② 杨梦琦：《2021年区块链十大热点事件》，https://mp.weixin.qq.com/s/mpyRdjXaXr6f22LIL0g1tg。

2021年出台的我国第一部数据安全相关法律《数据安全法》中也明确支持数据开发利用和数据安全技术研究、鼓励技术推广和商业创新。区块链不可篡改、透明可溯等特征则天然地适用于数据的确权与交易。

2021年在数据交易领域中落地的典型应用有北京国际大数据交易所首创的基于区块链的"数字交易合约"。[①] "数字交易合约"涵盖交易主体、服务报价、交割方式、存证码等信息，是交易连续、真实、可追溯的高可信"动态交易账本"，不仅将单一数据买卖的传统初级模式发展为涵盖数据、算法和算力的组合交易模式，而且实现了算法、算力及综合服务应用的资产化。北京国际大数据交易所实现与北京政务资源网的联通和金融公共数据专区的对接，依托在隐私计算、区块链等领域的技术优势，基于区块链构建高可信"动态交易账本"，对交易参与主体实行准入审核和分级管理，对数据来源进行合法性验证和合规性审查，推动数据交易合约达成。

4. 数字藏品：元宇宙时代的黎明

2021年，元宇宙的概念火爆出圈，NFT备受资本热捧。NFT是"非同质化代币"的英文缩写，被认为是确保虚拟身份的唯一不可复制和元宇宙内数字资产的产生、确权、流转等环节的底层支持，当前的一个重要应用就是各类数字藏品。

国内2021年有诸多NFT数字藏品平台产品上线。鲸探基于蚂蚁链底层技术，其前身为蚂蚁链粉丝粒，已上线了《伍六七》《白蛇2：青蛇劫起》《吾皇万睡》《镇魂街》《我不是胖虎》等IP的数字藏品项目。[②] 幻核是腾讯于8月上线的数字藏品交易APP，其NFT发行的

---

① 《北京国际大数据交易所首创基于区块链的"数字交易合约"》，《证券日报》，https：//baijiahao.baidu.com/s？id=1716483108995945489&wfr=spider&for=pc。
② 《数十IP推出数字藏品，成绩各如何？》，澎湃网，https：//m.thepaper.cn/baijiahao_16358006。

联盟链底层平台是至信链。① 红洞数字藏品平台由趣链科技控股子公司红洞科技（11月注册成立）于12月发布，其基于趣链底层技术，已经陆续发行艺术、游戏等多领域的区块链数字藏品。

然而，由于数据产业刚刚起步，需要积极防范过度炒作的风险，并加快推动知识产权、数字资产流通交易等方面标准与法规的建立健全。

六 产业：生态蓬勃发展，人才短板不容忽视

（一）产业生态蓬勃发展

一是专利数据领先全球。数量层面，2021年全球区块链行业专利申请数量为18931项，其中中国区块链申请量达15985项，占比84%。② 质量层面，零壹智库发表的2021年全球区块链专利质量榜单TOP50中，中国企业数量超过一半，蚂蚁集团、平安集团和腾讯居前三。③

二是企业数量众多且增长迅速。截至2021年12月，全国共有120810家企业在企业名称/曾用名、经营范围或产品资料等工商登记信息中含有"区块链"字样，较2020年末总数（78556家）上涨53.78%。然而，需要注意的是，上述企业中大部分当前可能并未实际开展区块链业务。④

---

① 《至信链数字藏品相关业务的实践与思考》，腾讯云区块链，https://cloud.tencent.com/developer/article/1988424。
② 《中国区块链专利数据报告（2021）》，零壹财经，https://baijiahao.baidu.com/s?id=1721427915279719878&wfr=spider&for=pc。
③ 《2021年全球区块链专利质量报告：TOP50六成来自中国 高质量专利占比仍需提升》，蚂蚁集团，https://antchain.antgroup.com/community/articles/1397。
④ 零壹智库：《中国区块链企业发展报告（2021）》。

三是投融资活动有所恢复。如图1所示，我国区块链公司/项目融资数量和金额曾在2018年达到峰值后急速下降，并于2020年降至最低。2021年，融资数量和金额数据均有所恢复。究其原因，除了区块链本身进入从虚拟货币泡沫出清后的技术复苏阶段，[①] 一定程度上也是受到元宇宙和NFT概念爆红的影响。

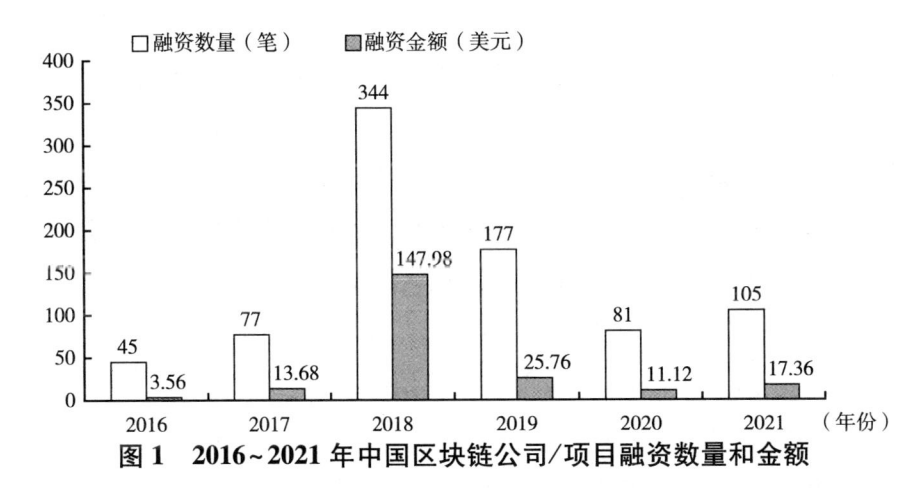

图1　2016~2021年中国区块链公司/项目融资数量和金额

资料来源：01区块链、零壹智库。

四是开源影响力加速扩张。超级链、长安链等国内代表性开源底层平台的影响力正在提升。长安链为2021年1月发布，超过150位核心开发者直接参与技术贡献，其在国内开源底层应用市场中占比已达到4%。[②] 超级链在2021年底的全球开发者数超过5万，外部代码贡献为30%，[③] 其2020年社群人数为1万，外部代码贡献为20%。[④]

[①] Gartner：《2021年中国ICT技术成熟度曲线报告》，2021年7月。

[②] 腾讯云区块链：《滴！请查收2021年度腾讯云区块链总结~》，https://cloud.tencent.com/developer/article/1988436。

[③] 《"十四五"数字经济发展规划发布，百度超级链持续深耕产业区块链》，百度超级链，https://baijiahao.baidu.com/s?id=1721913001105810585&wfr=spider&for=pc。

[④] 《百度开源2020年度报告：两大开源平台、九个捐赠项目》，光明网，https://baijiahao.baidu.com/s?id=1688035116807554240&wfr=spider&for=pc。

然而需注意的是 Hyperledger Fabric 仍为国内主流选择，区块链应用的底层自主程度仍有待提升。

（二）人才短板不容忽视

在区块链产业蓬勃发展的同时，我国区块链人才仍面临着在数量和质量两方面的短板。

数量方面，Gartner 预测我国区块链人才数量缺口将达 75 万以上，加之 2019 年开始仅成都信息工程大学等 22 所高校陆续增设区块链工程专业，我国在短期内尚不能形成较为充足的人才供给。数量的稀缺也反映在了从业人员的收入数据上，北京市人力资源和社会保障局 2021 年 11 月发布的报告显示区块链工程技术人员薪酬水平在 30 个新职业中最高，中位值达 487106 元。

质量方面，我国区块链人才培养存在严重的产学（研）脱节。腾讯、蚂蚁、百度等区块链头部企业是推动我国区块链技术进步的主力军，也是区块链领域国际话语权提升的顶梁柱。然而，这些企业与学界的交流不足、脱节严重，主要体现为企业论文发表较少、学界对业界进展缺乏跟进以及学界成果难以投产落地。此外，当前从业人员中也存在技术人员不了解应用场景的现象，掌握区块链核心技术同时了解行业场景需求的复合型人才较为紧缺。

七 结语

通过梳理 2021 年国内区块链产业的动态情况，总体来看，我国区块链产业发展稳中向好且领先国际，技术不断得到突破、应用加速落地、产业蓬勃发展。然而，仍需注意标准研制质量参差、新兴领域应用监管、底层技术自主化程度不高等问题的存在。

B.10
拓展现实"三力共发",开拓产业"蓝海"

张 涵 种法辉*

摘　要： 2021年,拓展现实作为新兴技术潜力股,成为未来产业发展重点。在技术方面,光学技术持续优化,多种光学方案并存演进,但亟待找到"最优解"以均衡价格、视觉效果、质量尺寸等多维诉求。在行业应用方面,多样应用场景提供广阔"演习场",产业生态尚未成熟,产业"蓝海"为拓展现实行业落地提供广阔前景。但虚拟现实、增强现实、混合现实产业链成熟度不同,仍需精准施策,引导个性化路径发展。

关键词： 拓展现实　虚拟现实　增强现实　混合现实

拓展现实技术（XR）框架涵盖虚拟现实（VR）、增强现实（AR）以及混合现实（MR）等新型交互技术。2021年以来,拓展现实作为未来产业发展重点之一,逐步成为全球技术创新与科技竞争的重要赛道,吸引了科技大国和全球各科技巨头企业的广泛关注。

---

* 张涵,国家工业信息安全发展研究中心软件所初级助理工程师,主要从事互联网3.0、拓展现实、隐私计算等领域研究工作；种法辉,管理科学与工程专业博士,国家工业信息安全发展研究中心软件所新兴技术研究部主任,主要从事新一代信息技术领域研究工作。

一 国家政策布局未来产业"先手棋"

关注未来产业,下好未来产业培育"先手棋",是中国应对国际科技竞争的必要之举。

(一)顶层规划设计"新赛场"

在国家顶层规划层面,VR和AR产业被列为数字经济重点产业,助力经济新增长,支撑普惠民生新征程。

2021年3月13日,《中华人民共和国国民经济和社会发展第十四个五年规划和2035年远景目标纲要》将虚拟现实和增强现实产业列为数字经济重点产业之一,明确指出将推动三维图形生成、动态环境建模、实时动作捕捉、快速渲染处理等技术创新,将发展虚拟现实整机、感知交互、内容采集制作等设备和开发工具软件、行业解决方案。[①]

2021年11月2日,国务院办公厅转发国家发改委《关于推动生活性服务业补短板上水平提高人民生活品质若干意见的通知》。为培育强大市场、激活消费需求,该通知提出将推进服务业态融合创新,促进"服务+制造"融合创新,加强物联网、大数据、虚拟现实等在健康、养老、育幼、文化、旅游、体育等领域的应用,发展健康设备、文创产品、康复辅助器械设计制造,实现服务需求和产品创新相互促进。[②]

(二)行业环境开辟"新赛道"

国家各部委关注拓展现实产业发展与应用落地,虚拟现实和增强

[①] 《中华人民共和国国民经济和社会发展第十四个五年规划和2035年远景目标纲要》。

[②] 《关于推动生活性服务业补短板上水平提高人民生活品质若干意见的通知》。

现实逐步成为重点任务和解决方案的支撑技术。

2021年7月5日，工业和信息化部、中央网络安全和信息化委员会办公室、国家发展和改革委员会等十部门联合印发的《5G应用"扬帆"行动计划（2021—2023年）》多次提及虚拟现实和增强现实技术在消费升级与产业融合发展方面的重要作用。该行动计划在赋能5G应用三大重点领域中均提及VR技术，一是在推动新型信息消费升级行动中，加快云AR/VR头显、5G全景VR相机等产品推广，促进新型体验类消费发展；二是在"5G+工业互联网"行业融合应用深化行动中，推进5G模组与AR/VR、机器视觉等工业终端的深度融合，推动"5G+工业互联网"服务于生产核心环节；三是在社会民生服务普惠行动中，加快5G教学终端设备及AR/VR教学数字内容的研发并结合AR/VR、全息投影等技术实现场景化交互教学，推进超高清视频编解码、端云协同渲染、三维重建等关键技术研发，开发适配5G网络的AR/VR沉浸式内容、4K/8K视频等应用。同时，在5G应用生态融通行动中，未来将重点支持建设与5G结合的超高清视频、AR/VR等共性技术平台，强化5G应用共性技术平台支撑。[①]

2021年3月24日，工业和信息化部印发《"双千兆"网络协同发展行动计划（2021—2023年）》。虚拟现实与增强现实成为行动计划的重点发展目标，未来将促进AR/VR等高带宽应用进一步融入生产生活。一是虚拟现实和增强现实成为行业融合赋能行动的重要发力点，加快发展"双千兆"网络在超高清视频、AR/VR等消费领域的业务应用。二是AR/VR成为"百城千兆"建设工程的业务创新点，未来将构建"网络+平台+应用"固移融合、云网融合的"双千兆"业务体系，推动云VR、超高清视频等新业务发展，通过应用牵引，

[①]《5G应用"扬帆"行动计划（2021—2023年）》。

促进用户向 500Mbps 及以上高速宽带和 5G 网络迁移。①

2021 年 10 月，商务部、中央网信办、国家发改委联合印发《"十四五"电子商务发展规划》。虚拟现实和增强现实技术作为新一代信息技术的重要组成，将既推动技术应用创新，又刺激消费升级。关于技术应用创新，电子商务产业将通过自主创新、原始创新，提升企业核心竞争力，推动大数据、物联网、区块链、虚拟现实/增强现实等新一代信息技术在电子商务领域的集成创新和融合应用。② 关于数字生活消费新场景，电子商务产业将支持各类企业运用 5G、人工智能、虚拟现实/增强现实、3D 打印等新技术构建形式多样的线上消费场景，探索人机互动新模式，培育高新视听新业态，创新网络消费方式，优化网络消费体验。

2022 年 1 月，工业和信息化部办公厅和国家发展和改革委员会办公厅联合发布《关于促进云网融合 加快中小城市信息基础设施建设的通知》，以虚拟现实和增强现实技术为支撑，有序布局中小城市应用基础设施。③ 通知的重点任务中点明未来将结合高清/超高清视频、AR/VR 等业务分发需要，推动 CDN 边缘服务节点向中小城市延伸，切实提升智能分发能力，更好服务中小城市本地用户。

（三）地方扶持提供"新养料"

各地区基于当地特色，出台政策推动虚拟现实产业发展，以"VR+"思路落地特色应用，推动当地产业与经济发展。

2021 年，国家发改委等部门发布《推广"十三五"时期产业转型升级示范区典型经验做法》，文件梳理了各地加快培育发展数字经

---

① 《"双千兆"网络协同发展行动计划（2021—2023 年）》。
② 《"十四五"电子商务发展规划》。
③ 《关于促进云网融合 加快中小城市信息基础设施建设的通知》。

济,促进产业数字化和数字产业化的重要举措。其中,北京市石景山区利用区域资源禀赋,培育发展虚拟现实产业,成立工业互联网产业园和北京城市大数据研究院,开展产业转型升级十大攻坚工程。①

2021年1月,北京市西城区试行《北京市西城区加快推进数字经济发展若干措施(试行)》,鼓励商贸、餐饮等生活服务业加快数字化改造。支持西单、大栅栏等重点商业街区"智慧商圈"建设。支持开展3D实景步行导引、智能导购、VR展示、无感支付、智能配送等场景应用。②

2021年6月,四川省组织开展2021年新一代信息技术与制造业融合发展试点示范申报,特定技术领域的专业型工业互联网平台被作为示范重点内容之一,在"平台+区块链""平台+云仿真""平台+AR/VR""平台+数字孪生"等领域,鼓励企业整合高校、科研院所等各方资源建设技术专业型工业互联网平台,基于平台构建工业机理模型库、工业微服务资源池、工业知识图谱等基础资源库,配套研发可视化工业APP开发环境、工业模型管理引擎等开发软件,推动降低高技术门槛和试错风险,促进专业应用的规模化复用。③ 2022年初成都市统计局经济数据显示,2021年,虚拟现实、人工智能等前沿技术在实践中与更多服务业场景加速融合,助力商品消费提档升级和服务消费提质扩容。深圳市前海自贸区将《前海企业所得税优惠目录(2021版)》优惠门类由四类增至五类、细分条目增至30个,"信息服务业"增加了"边缘计算、区块链、VR、AR、人工智能"和"工业互联网、车联网、智能穿戴"等技术、信息研发和服务。

---

① 《推广"十三五"时期产业转型升级示范区典型经验做法》。
② 《北京市西城区加快推进数字经济发展若干措施》。
③ 成都市经信局《关于组织开展2021年新一代信息技术与制造业融合发展试点示范申报工作的通知》。

二 "三力共发"，打造新一代互联网"火车头"

相较于互联网2.0，交互感是互联网3.0的主要升级维度，因此，新一代互联网的沉浸式体验备受关注。拓展现实技术旨在提供沉浸式、增强型数字体验，成为新一代互联网"火车头"。国际科技巨头频频布局，意在争夺新一代互联网的"入场券"。

（一）虚拟现实技术渐趋成熟，清晰度和体验感升级

虚拟现实是指通过传感器和计算机平台，利用眼镜、头盔、耳机、手套等设备，提供交互性、沉浸式的虚拟三维动态视景空间。典型应用场景包括景观动画、三维漫游、三维游戏、全景视频等，虚拟现实强调虚拟世界的沉浸感。①

1. VR分辨率跃升，清晰度提档

VR设备的透镜与眼球之间的距离和透镜厚度的合理运用将直接影响成像视场，"双眼4K+菲涅尔透镜"成为市场较公认的主流方案。据华西电子团队调研，VR端光学和显示的组合是"折叠光路+硅基OLED"。普遍而言，主流消费级VR头显的显示技术至少达到单眼分辨率高于2K。受益于VR产业过往的技术积累和行业积累，和电子产业其他领域的技术进步和生产规模化进程，VR的主流配置从2K屏升级为当前普遍采用的4K屏，清晰度提升了1倍。此外，以Arpara为代表的企业，已落地生产5K头显和5K VR一体机，可实现-100°~500°的屈光度精确调节，并且可通过Type-C线材或搭配mirrocast转换器连接实现手机端VR观影。

---

① 发改委规划司：《"十四五"规划〈纲要〉名词解释之92｜虚拟现实和增强现实》，https://www.ndrc.gov.cn/fggz/fzzlgh/gjfzgh/202112/t20211224_1309347.html?code=&state=123。

2. VR刷新率提升，沉浸感优化

目前主流消费级VR头显的显示技术应达到延迟时长小于20ms，刷新率高于75Hz，单眼分辨率高于2K。中泰证券数据显示，以Pico和HTC为代表，主流产品基本已达到90Hz及以上的刷新率，Arpara落地产品刷新率数据呈现最佳，刷新率可达120Hz。

3. VR建模技术持续升级，实时性与逼真性提升

创建虚拟环境是设计VR系统的前提，实时、动态、逼真的环境呈现成为VR系统至关重要的一环。2022年5月13日，谷歌发布VR与实景地图深度融合的地图新功能，利用3D绘图和机器学习方面的先进技术融合数十亿航拍图和街景图，创建一个高保真的地图，实现沉浸式的视觉体验。用户可以从手机端"身临其境"，在景点周边移动，查看路况和天气，并且可以进入以神经渲染技术构建的建筑物内部。

（二）增强现实方案演进提速，互动技术渐趋成熟

增强现实是指将计算机生成的虚拟物体或信息叠加到真实场景中，以在真实场景中融入计算机生成的虚拟信息为方法，以不隔断观察者与真实世界之间的联系为目的，从而提供一种虚实交互的新体验，为用户展示更丰富有效的信息。

1. AR芯片向定制化发展，助力硬件算力升级

AR芯片对手机产业芯片供应的依赖程度逐步降低，向独立和定制化发展。2022年1月7日，在消费者技术协会（CTA）组织的年度贸易展CES 2022大会上，高通宣布和微软在AR领域的合作计划，双方将共同开发定制化的Snapdragon芯片用于AR眼镜，进一步加大对微软Mesh平台和高通Snapdragon spaces这两大AR开发平台的支持。因此，AR专属芯片将助力硬件算力提升，但是，目前行业主要使用高通晓龙8系列芯片，市场未规模化生产供给专用的

AR 主芯片。

2. AR 光学方案聚焦"光波导"，组合方案待成熟

目前，"光波导+MicroLED"作为公认度较高的 AR 端光学和显示的组合方案，仍在成熟完善过程中，尤其是光波导。AR 的经典光学方案包含自由曲面、Birdbath、光波导。作为主要的 AR 光学方案，光波导共有三类——反射波导、衍射波导和全息光栅波导。反射波导的镜片轻薄、图像还原度高、成像清晰，但在产品化阶段面临良品率较低、价格高昂等问题。衍射波导可实现低制作成本，但难以解决光线散射、颜色失真等重要问题，且多重玻璃技术压力较大。全息光栅波导可基于1~2玻璃层达到全彩色成像和低成本的目标，但除了面临光线散射、图像颜色失真等问题，更需要解决的是全息薄膜制造工艺高、量产难度大的棘手难题。①

3. AR 实时动作捕捉渐趋成熟，互操作效果提升

基于动作捕捉系统、面部或体感识别，AR 系统可实现物理空间与虚拟空间的互动。此类体感互动系统可采用三维动态跟踪识别方法提取人物动作的动态特征，再结合模式识别和智能特征提取技术，进而识别人物的动作特征。2021 年 11 月 13 日，广州网易互娱动捕中心与迪生联合实现了 25 人同场实时动作捕捉，成功刷新了英国屡获殊荣的著名视效公司 Audiomotion Studios 于 2015 年 3 月 9 日创造的 19 人同场实时动作捕捉的吉尼斯世界纪录。②

（三）混合现实技术逐步落地，概念产品落地应用

1. MR 结合3D 全息影像，辅助传统技术提升精准度

混合现实可在现实空间"悬浮"重构三维模型，并标注影像信

---

① http://stock.finance.sina.com.cn/stock/go.php/vReport_Show/kind/industry/rptid/676124133399/index.phtml.

② https://k.sina.com.cn/article_7207652843_1ad9c0deb020011a8a.html.

息，同时实现三维图像旋转、缩放、拆分。2021年10月，山东省平度市将混合现实技术引入手术室，成功完成一例趾骨粉碎性骨折复位固定手术，且手术时间缩短至1个小时。此手术基于云端CT影像数据，1∶1重建患者的骨折病变处3D全息影像数字模型，医生通过随身佩戴的混合现实眼镜实现手势和语音操作控制模型与影像图像，直观、清晰观察患者骨折处移位方向等，进而实施精准手术。2022年1月，上海瑞金医院神经外科融合全息影像和现实手术，应用混合现实技术、术中神经电生理监测等技术，完成瑞金医院首例颈动脉内膜剥脱术。

2. MR融合线上模型，提升沉浸感和预设计

2021年5月21日，山西省太原市召开第十二届中国中部投资贸易博览会，其间山西建投三建集团展示混合现实技术创新应用。一是提升项目建设效率。混合现实技术辅助施工团队实现设计、施工全过程模型沟通，设计单位、建设单位、施工单位可在观看模型的同时高效顺畅讨论设计方案，精准安排方案变更。二是提升售楼过程业主体验。基于混合现实模型，业主可以在销售现实环境中按1∶1比例查看小区情况，包括居住环境、购买户型等相关数据，解决了业主在建筑物完成前难以亲身体验生活空间等问题。三是提升数字化精装修效率。MR眼镜综合应用混合现实技术与线上虚拟售楼技术，为消费者提供毛坯房内数字化精装修等便利服务。

三 "红细胞"活力焕发，助力产业高效能高质量升级

据《扩展现实XR降本增效白皮书》梳理，拓展现实技术可帮助工业、文旅、安防、能源、娱乐、会展、教育、零售、医疗、政务等

多个行业的龙头企业和初创企业降本增效，平均幅度在30%以上，部分案例中成本下降超过90%。①

（一）生态格局高度分散，"蓝海"进入壁垒较低

1. XR行业格局高度分散，从"萌芽"向"幼苗"发展

中国的XR行业处于起步阶段，行业竞争格局呈高度分散态势，尚未崛起龙头企业或创新企业集群。虽然，虚拟现实、增强现实和混合现实相应的行业成熟度有所差异，但起步最早、发展最快的虚拟现实领域仍尚未有明确"消费级"产品和"龙头"企业。总体而言，我国XR行业尚未引爆全行业企业竞争热潮，仍处于"萌芽"向"幼苗"发展的成长初期。

与之相较，海外XR行业竞争格局呈高度密集型，包括Facebook、Google、Apple等厂商，引领最新科技迭代和产品革新。2022年5月4日，Meta公司与眼镜巨头EssilorLuxottica合作推出的智能眼镜新项目——神经接口腕带原型，可实现通过人体神经接口肌电图腕带控制眼镜和其他设备。2022年，在人机界面ACM CHI会议上，卡内基梅隆大学人机交互研究所的研究员展示唇齿触觉的VR设备，基于薄而紧凑的超声波换能器波束形成阵列，不接触唇部即可产生唇齿触觉。

2. VR供应链基本成形，重点聚焦"强链补链"

VR上游元件光学和显示配套日渐成熟，下游软件生态逐步完善。VR产业链上游包含光学、微型显示、主芯片、结构件等硬件材料和VR眼镜、VR头盔等硬件一体机，上游供应链已较为完善。经历十多年的发展，VR硬件设备已从Anaglyph 3D眼镜的起点，驶入千万台销量的行业"拐点"。此外，VR与手机供应链高度重合，现

---

① http://wenhui.whb.cn/zhuzhan/cs/20211023/430111.html.

存的手机硬件生态可复用,并且基于手机厂商的多年产业资源积累,以资源复用方式将更高效地构建生态地图。

3. AR升级成为重点赛道,产业链仍处于"建链"阶段

在疫情环境下,AR技术也加速发展,AR市场升级为科技巨头关注的重点赛道。但囿于技术桎梏,AR产业仍处于发展的初级阶段。AR上游硬件包括光学设备、显示设备、芯片、传感器等,硬件技术壁垒高,硬件性能还未能达到厂商标准,因此仍处于核心零部件和技术的攻关阶段。同时,下游软件生态较为单一,产品的当前定位和未来走向尚不明朗,AR大部分厂商已由C端转向B端市场,下游发展前景受限。①

(二)传统应用模式升级,降本增效推动行业升级

拓展现实技术凭借其空间延伸性和深度交互感,自然融合各行业传统应用模式,促进原有应用开拓新场景。同时,在航空军工、工业制造、室内设计等新型应用场景,拓展现实技术提升行业效率,高效赋能产业转型升级。

1. 航空与军工行业:XR辅助模拟体验,降低训练成本

波音公司根据拓展现实各技术特点,将其定向应用于不同业务流程,利用VR模拟器基于飞行升力和阻力测量数据,辅助飞行员模拟飞行,减少实际执飞培训时间,降低训练成本。2021年9月,美国"动力"网站发布著名AR空战训练应用公司Red 6的最新成果——颠覆性空战训练模式,即利用增强现实技术,为飞行员提供与苏-57、歼-20等新锐隐形战斗机"近距离格斗"的模拟体验。

2. 工业与冶金行业:XR融合物联网,提升装配效率

波音公司的原有机翼步骤烦琐,高达50余步,增强现实技术辅

---

① 华西证券:《洞察VR/AR蓝海,解锁上游供应格局——大光学VR/AR系列深度之六》。

助受训人员将学习时间减少35%，将零基础学员的培训成功率提高了90%；增强现实眼镜辅助工作人员将出错率降低50%，整体效率提高8%~12%。① 宝武钢铁基于亮风台AR技术建设"AR智能运维系统"，实现原厂专家、后端专业技术人员与现场点检人员的协助与信息交流，提升设备数字信息可视化水平，实现精准远程协作。②

3.能源行业：XR高效识别零件标识，降低故障发生率

拓展现实技术可高效识别组装零件的标识和机器内部待替换零件。正泰集团将作业指导书内容导入"AR配电运维系统"中，新手员工佩戴AR眼镜后，可基于设备二维码高效查阅作业指导，精准查阅设备的图片、文字、PDF文件，大大提升了操作规范程度和工作效率。此外，基于AR远程通信与协作平台HiLeia可精准高效处理现场作业故障，专家通过AR眼镜接收现场情况，并使用3D标注功能指导现场工人操作。

（三）沉浸式服务体验感升级，高质量驱动产业增值

拓展现实提升医疗、教育、文旅、房产等领域的服务质量，刺激消费端应用创新发展，激发经济发展新活力，高质量赋能产业转型升级。

1.医疗领域：拓展现实辅助远程医疗，改善资源不均

Jabit数据显示，71%XR从业者认为医疗行业是受XR技术影响最大的行业。③ 一是拓展现实技术结合了现实、触感、力反馈等硬件设施，医生可通过XR头显设备远程接收手术现场情况，远程提供指导建议。二是运用XR技术培训，即基于利用医疗扫描数据生成的3D器官模型提升教学沉浸感，高质量提升医疗教学水平，一定程度上解决医疗资源地域分布不均衡问题。三是XR技术开辟了心理治疗

---

① http://wenhui.whb.cn/zhuzhan/cs/20211023/430111.html.
② https://www.c114.com.cn/ai/5339/a1185795.html.
③ https://vr.ofweek.com/news/2019-01/ART-815003-8420-30301394.html.

新路径，即基于拓展现实技术实现重复暴露等治疗方式，帮助患者克服恐惧症和压力失调，也在维持认知、对抗老化、改善运动失衡、缓解肌肉或者神经系统紊乱失调等医学难题方面开辟了新思路。[1]

2. 教育领域：拓展现实提升学习兴趣，深化学习内容

XR 技术提供全景视频，同时通过虚实结合的互动方式提升学习兴趣、深化学习内容。2021 年 5 月，中华人民共和国国史学会和中国航天科工集团所属的深圳航天工业技术研究院有限公司联合共建"当代文史数字书店暨'四史'学习教育数字中心",[2] 利用 VR 技术推动形成智慧党建新模式，基于线上与线下相结合、虚拟与现实相融合、多终端全覆盖的沉浸式智慧学习服务体系，提供包括 100 节党课、20 多个爱国教育基地的 720 度全景 VR 库等海量资源。中华人民共和国国史学会副会长、原中央文献研究室常务副主任杨胜群表示，将云计算、大数据、虚拟现实等先进技术充分应用到"四史"学习教育工作中，是创新"四史"宣传教育方式方法的一次有益尝试。[3]

3. 文化领域：拓展现实优化呈现方式，赋能"文化+科技"

XR 技术开拓了新一代视觉呈现方式，辅助消费者通过 XR 设备与系统界面实时观看体育赛事等现场转播，沉浸式感受电影、戏剧等传统银屏的新魅力。2021 年 10 月，当红齐天获得小米领投的数亿元融资。与之相较，此前 XR 行业融资领域聚焦于硬件厂商，且少见上亿元融资额。在影视娱乐领域，公司的"IP 运营+内容制作+数字实景娱乐"一体化 VR 娱乐服务定位初见成效，已签订《变形金刚》和《正义联盟》等外国电影 IP。在大型游乐园领域，当红齐天 VR 乐园落地或即将落地 12 个城市，典型场景包括北京首钢"1 号高炉"

---

[1] https：//www.sgpjbg.com/info/31219.html.
[2] https：//www.bilibili.com/read/cv11511603.
[3] http：//www.crt.com.cn/news2007/News/tgjx/2021/5/215311339176HIHHFKEK1KJKKEH7098.html.

SoReal 5G XR 超体空间、上海迪士尼小镇 SoReal 5G XR 超体空间等,① 打造当地特色"文化+科技"项目,促进文化和科技深度融合,推动文化事业和文化产业更好更快发展。

四 "窗口期"的关键挑战与未来趋势

(一)"窗口期"面临的关键挑战

1. 顶层规划亟须关注安全问题

就产业发展规律而言,拓展现实行业当前仍处于发展的初级阶段,企业与市场的重点精力在企业生存、收益增长和产品发展等方面,体系化安全措施尚未成形。但同时,随着产业量级扩大,产业安全问题开始冒头,个别平台被曝出存在安全漏洞。

但是,相较于传统网络,XR 领域将掌握以动作、指纹、视网膜形状、呼吸频率为代表的用户隐私数据。目前安全问题不仅仅为隐私泄露,还包括道德恐慌等,亟须政府层面加大关注力度,提前预判风险,以产业顶层规划和法律法规防范未来风险。

2. 技术"卡点"亟待聚力突破

光学方案是行业规模化发展的核心"卡脖子"环节。光学方面,目前尚未找到均衡成像效果好和制作成本低的折中方案,解决光线散射、颜色失真等成像问题需要较高的制造工艺和高制作成本;微显示方面,Micro LED 虽为最理想的解决方案,但仍处于技术攻关阶段,从衬底/外延材料、单片集成到驱动都没有成熟的解决方案;芯片方面,市场尚未提供专门为 AR 设计的主芯片。

沉浸式体验感亟待优化。拓展现实的内容感受仍需要依赖于计算

---

① https://vr.sina.com.cn/news/hot/2021-10-15/doc-iktzqtyu1552644.shtml。

机、一体机等物理载体，机体自身重量干扰沉浸式体验，同时，受制于光学、移动存储、电池技术、物理散热等关键技术，轻便型VR/AR设备升级压力较大。① 未来VR屏幕的发展目标为16K，视觉体验仍待升级。

计算速率与网络技术仍待升级。当前难以构建欺骗大脑的虚拟环境，主要是受制于计算速率。未来的多人交互趋势将对Wi-Fi、5G、6G的稳定性、抗干扰性、时延、容量提出更高要求。

3.行业发展水平参差不齐

VR、AR和MR的起步时间不同，行业发展水平差异较大。VR的供应链基本成形，但产品同质化程度高，尚未在全生态中形成不同的特色产业链，仍待开发差异化发展的多条路径。AR囿于光学、网络等底层技术发展短板，总体光学方案仍尚未找到"最优解"，C端仍未出现"杀手级"应用，产业链下游生态趋向单一化，尚未进入规模化布局阶段。MR技术发展刚刚起步，尚未崛起龙头企业或创新企业集群，距离产业链和产业生态规划目标仍有较远距离。

（二）展望未来趋势

1.市场活力旺，产业侧潜能高

资本加速注入拓展现实行业，市场扩张潜力大。据IDC分析，中国AR/VR市场在2021~2025年复合增长率达到71.1%②，2022年全球VR设备出货量预计将达1800万台，全球AR设备出货量预计将达140万台。据IDC《2021年第一季度增强现实与虚拟现实市场追踪报告》分析，2021年第一季度全球VR头显出货量同比增长52.4%，VR一体机占据了绝大多数的发货量；2021年第一季度中国VR头显

---

① 德勤：《未来已来——全球XR产业洞察》。
② https://www.idc.com/getdoc.jsp?containerId=prCHC48173021.

出货量达到21万台，同比增长32%，其中一体机产品形态占到VR头显总量的72.7%。

2. 交互需求足，消费侧动力大

据IDC等分析机构预测，消费者在AR/VR领域的开销将稳健增长，未来五年复合年增长率将超过52%。① ARtillry Intelligence和Thrive Analytics调研移动增强现实使用情况和消费者态度，结果显示：32%消费者使用过增强现实应用程序，73%移动增强现实用户表示移动增强现实体验的满意度很高或非常高。②

3. 技术压力大，重点方向明确

VR设备的核心光学组件主要包括旋转堆成球面透镜、非球面透镜、球面透镜和菲涅尔透镜，光学透镜已开始向混合型菲涅尔透镜、双晶透镜、超材料薄透镜等新材料技术方向发展。③ 目前大部分厂商均使用菲涅尔透镜解决VR设备视场角及重量问题，这可在一定程度上均衡画面成像效果和尺寸、重量。但总体而言，若注重透镜轻薄、视场角大，则需在设备尺寸维度让步；若需缩减设备尺寸，则需要短焦距、高倍率，这将大幅提升设备总体重量。另外，硅基OLED可实现高刷新率和高分辨率，或将成为未来主流方案。

(三)"窗口期"跑出"加速度"

1. 抓好政策顶层指引，构建审慎包容发展规则

在科技资源投入、产业链与产业生态建设方面，强化国家顶层设

---

① Commercial and Public Sector Investments Will Drive Worldwide AR/VR Spending to $160 Billion in 2023, According to a New IDC Spending Guide. IDC. June 2019 https：//www.idc.com/getdoc.jsp？containerId=prUS45123819.

② https：//martechseries.com/predictive-ai/augmented-reality/32-percent-of-consumers-use-augmented-reality-according-to-a-study-by-artillry-intelligence-and-thrive-analytics/.

③ 头豹研究院：《VR设备行业研究报告：元宇宙基石》。

计。在技术研究、新一代信息技术融合、产业做大做强等方面，给予宽松的试错空间。在数据隐私保护、内容合规方面，明确试错容错边界线，科学构建安全体系。

2. 推动技术有机集成，激发新兴技术新动能

强化未来产业战略研究，引领形成一批"撒手锏"技术。推动拓展现实技术集约化发展，辅助虚拟现实、增强现实、混合现实之间优势技术相互补位。在国家科技重大专项、重点研发计划等科技计划中，加大交互技术研发投入，对核心技术开展"超前布局"。

3. 加速产业融合赋能，构建未来产业新格局

鼓励支持硬科技和前沿科技创业，培育前沿科技独角兽企业，扶持"顶天立地"大企业。推动前沿技术与各地特色产业、各场景特色应用融合发展，培育"铺天盖地"小企业。强化产学研合作，搭建专业化孵化载体和新型研发机构，鼓励技术专家学者共同组建专业团队。加速打造拓展现实产业集群，构建适宜未来产业发展的创新生态。

B.11
国际开源日益成为产业创新"核心引擎"

王思檬 鲁萍*

摘　要： 从全球范围来看，2021年，开源整体呈现高速发展的趋势，越来越成为跨越国界和语言的共识。各国纷纷制定政策法规推动开源发展，依托开源构建广泛技术融合，形成开放发展模式，开源生态也逐步完善，开源也成为资本市场的新风口。开源蓬勃发展一方面推动了技术创新，另一方面考虑到国际竞争关系错综复杂，开源软件安全作为软件供应链安全的重要环节，面临着软件断供、安全漏洞、知识产权等问题与挑战。在现阶段积累的政策基础、技术基础、生态基础之上，开源将形成开放、平等、协作、共享的发展模式，加速软件迭代升级，促进产用协同创新，推动生态完善，成为软件技术创新的主导模式。

关键词： 开源软件　技术创新　产业生态

---

* 王思檬，国家工业信息安全发展研究中心工程师，主要跟踪国内外软件产业重点领域发展动态，从事开源产业研究、开源项目评估检测等工作；鲁萍，国家工业信息安全发展研究中心初级工程师，主要跟踪国内外软件产业重点领域发展动态，从事开源产业研究、地方及行业开源研究咨询、开源生态合作与宣传推广等工作。

一 全球开源政策频出，国际关注度逐步提高

2021年，开源受到的关注度急剧提升，多国发布政策将开源提升至国家级别的战略高度，肯定了开源模式对信息技术创新和软件产业发展的重要性，大力推动开源生态建设。

（一）美国政企合作加强

美国政府与开源基金会通力合作，在支撑政府研发工作的同时，进一步加强开源领域的软件和技术创新。2021年2月，国防高级研究计划局（DARPA）和Linux基金会签署了一项技术联盟合作协议，DARPA和Linux基金会将创建US Government Open Programmable计划，支撑美国政府的项目以及其生态系统和开放社区能够参与加速5G、Edge、AI、标准、可编程性和IOT等技术领域的创新。该计划的形成鼓励生态系统参与者支持美国政府制定最新技术软件的计划。开源项目计划构建的伙伴关系加速了美国在5G、边缘计算、物联网、人工智能和安全方面的创新、协作和竞争力；Linux基金会的新伞状组织US GOV OPS将主持第一个项目OPS 5G（Open Programmable Secure 5G），以加速5G、边缘计算和物联网技术的创建和部署；同时，开放生态系统的工作基于通用开源架构和开源项目，专注于集成和增强安全性的开源端到端5G堆栈。

2022年1月，美国国防部发布了新的内部使用开源进行网络防御的指导方针，其中备忘录所附的关于软件开发和开放源码软件的新准则首先要求新闻部在采购软件解决方案时遵循"采用、购买、创造"的方法，在考虑专有系统之前优先采用现有的开源软件解决方案。2月，美国国防部发布新的国防部软件现代化战略，强调公共部门需要获得创新、安全和有弹性的软件，并认同了目前

普遍存在的"通过重用、获取或定制等开发方式来提升快速交付质量、安全软件的能力"。新的备忘录与战略并行不悖，因为两者都表明，开源软件"构成了软件定义世界的基石，对更快交付软件至关重要"。

美国政府承认开源几乎存在于当今使用的所有软件中，并在技术创新、节省资金方面拥有独特的价值。但是，在出口管制日益加剧的背景下，开源软件也受到了冲击。美国商务部自2020年出台"限制华为购买特定产品，以及与美国特定技术或软件直接相关的产品"的法规要求后，2021年3月，美国商务部针对硬盘巨头希捷发起了调查，认为其在美国颁布限制令之后，仍然向华为提供硬盘、芯片等相关产品。2021年4月底，美国国会研究服务处发布的《中国半导体新政：国会应考虑的议题》（*China's New Semiconductor Policies*：*Issues for Congress*）报告中，对我国国发〔2020〕8号文件进行了分析，并向美国国会建议"对开源技术、半导体设备、工具和软件等进行评估，设置更多的出口限制条件和管控"。美国出口管制条例（Export Administration Regulations，EAR）对于加密技术也非常重视。美国立法者认为加密技术有可能会被利用来危害美国的国家安全，因此他们对包含加密功能的开源软件进行了特殊要求，即含有加密功能的软件，如果属于美国开发的代码或者来源于美国管辖的开源社区，且按照功能性被分类为5D002，即使该软件的源代码已经在网络上公开，该软件仍受EAR管辖。如果美国地区以外的人员下载和使用该软件，则必须要获取出口授权。同时美国商务部工业与安全局（Bureau of Industry and Security，BIS）提供了一种方式来降低EAR对开源软件的管辖力度。

2022年2月，俄乌冲突爆发。3月，根据美国政府的出口管制和贸易法规，GitHub官方发文称限制俄罗斯通过GitHub获得军事技术的能力。

（二）欧盟频繁发力

2021年3月，欧盟委员会提出了实现欧洲数字十年的目标，并明确提出：数字技能是欧洲数字化转型的关键。开源软件所固有的自由度不仅鼓励个人消费软件，而且鼓励个人积极参与软件的创建、开发和维护。

2021年9月，欧盟发布了《欧盟经济中开源软硬件对技术独立、竞争力和创新的影响研究》报告，从多角度阐述了开源软件（OSS）及开源硬件（OSH）对欧盟经济的影响，并得出"对开源软件的投资平均可以产生四倍回报"的结论。12月，欧盟委员会宣布通过开源软件分发的新规则，称只要对公民、公司或其他公共服务有潜在好处，就可以公开访问其软件解决方案。此项举措旨在促进委员会在更短的时间内向公众提供软件源代码的公开访问，并减少文书工作。

（三）英法积极推进

开源在英国政府公共部门中发挥着越来越重要的作用。2021年2月，英国政府设置了中央数字和数据办公室（CDDO），其主要职责是开展数据和数字技术的战略和政策制定，以及开源项目管理。开源非营利组织Open UK于2021年3月发布的 *State of Open：The UK in 2021* 第一阶段报告显示，2017年至2018年，欧洲26万开源开发者相较于前一年提升了10%的开源贡献率，为欧洲带来了0.4%GDP总量的提升（约630亿欧元）。

英国政府部门也逐步扩大开源软件的使用范围。2021年4月，英国许多市议会利用开源网络内容管理系统Drupal进行数据共享。布莱顿·霍夫市议会（BHCC）和克罗伊登（Croydon）共同启动了一个项目来更新和改进Drupal系统，以满足英国市政当局的确切需求。7月，英国情报安全与网络机构GCHQ开源了Cyber Chef应用程序，其主要功能是基于 Base64 的基本编码、高级加密标准（AES）解密或更改字符编码等尖端技术来识别、分析和破坏世界中日益复杂的威胁。2022年1月，英国发布的《英国开放政府国家行动计划（2021—2023）》中提出，建立卫生健康数据的交互性标准，鼓励政府与开源社区进行合作开发，解决卫生健康数据不清晰、不透明的问题。

2021年4月，在法国转型和公共服务部部长的推动下，法国总理向所有部长和地区长官重申了政府在数据、算法和公共源代码的使用、开放和流通方面的决定。5月，所有部门都任命了数据、算法和源代码部门管理员。法国转型和公共服务部部长于9月公布了这15个部长级转型发展路线图，加强了政府对开源的管理、扶持和应用。7月，法国发布《国家开放科学计划（2021—2024年）》，根据计划要求，政府公共资金扶持的研究数据、算法和源代码应通过开放许可的方式传播共享。该计划首次将开源作为需要得到认可和支持的科学研究的关键组成部分。新计划建立在2018年发布的第一个国家计划、2016年数字共和国法案和2020年研究规划法的基础之上，其范围扩展到与研究相关的源代码，确保法国公共研究中产生的源代码和软件可得到开发、维护和应用，并为软件遗产基金会的档案提供支持。

（四）中国高度重视

中国高度重视开源生态发展，国家软件发展战略将培育开源生态作为重点任务，2021年，开源被首次写入《中华人民共和国国民经济和社会发展第十四个五年规划和2035年远景目标纲要》，纲要明确提出支持数字技术开源社区等创新联合体发展；国务院印发《"十四五"数字经济发展规划》，提出支持具有自主核心技术的开源社区、开源平台、开源项目发展，推动创新资源共建共享，促进创新模式开放化演进；工业和信息化部印发《"十四五"软件和信息技术服务业发展规划》，系统布局"十四五"开源生态发展；中国人民银行办公厅、中央网信办秘书局、工业和信息化部办公厅、银保监会办公厅、证监会办公厅联合发布《关于规范金融业开源技术应用与发展的意见》，对金融机构使用开源技术提出了明确要求。

二 全球开源发展不断深入，技术融合不断增强

在全球开源关注度逐步提升的背景下，开源在基础软件发展和工业软件应用上持续深入，与云计算、大数据、人工智能的技术融合也不断增强。

（一）开源基础软件创新提速，工业软件持续积累

1. 基础软件创新提速

软件中的开源行为往往存在于操作系统、数据库等基础软件中，因为基础软件开发难度大、后期维护成本、迭代成本高，而开源技术能够在降低成本的同时，提供多个帮手，加速软件迭代。

在开源操作系统层面，CentOS 8 停止维护后，全球操作系统迎来崭新的繁荣期，而开源又是操作系统研发的首选模式。国外云计算、多端融合、元宇宙等新技术为操作系统带来了新的冲击与机会。CNCF 基金会主要推动云原生技术的发展。2021 年 7 月，第一个 Service Mesh 项目 Linkerd 从 CNCF 毕业，其可为云原生应用程序提供重要的可观测性、安全性和可靠性。8 月，Open Telemetry 成为 CNCF 孵化项目，11 月，开源微服务构建软件 Dapr 正式加入 CNCF 孵化项目，行业内对观测性应用程序的兴趣逐步提高。Hyperleger 基金会推动区块链技术的发展。2021 年 9 月，Hyperledger FireFly 加入 Hyperleger 基金会，其提供了一个专门构建的系统，可在该系统上构建去中心化的区块链应用程序，解决了位于低级区块链与高级业务流

程和用户界面之间的复杂层问题。在 CentOS 8 停止维护的背景下，国内操作系统领域机会与挑战并存。2021 年 10 月，全新龙蜥操作系统 Anolis OS 在阿里云云栖大会上重磅亮相，并宣布完全开源，以中立社区的方式运作。随后，龙蜥、欧拉被相继捐赠给开放原子开源基金会，腾讯云也发布云原生操作系统遨驰 Orca。12 月，开源操作系统社区 OpenCloudOS 正式宣布成立，国内操作系统在云原生、稳定性、性能、硬件支持等方面均有坚实支撑。

开源是新一代数据库发展的最优路径。数据库作为核心基础软件，同样需要借助开源进行快速的更新迭代。根据全球数据库流行度排行榜网站 DB-Engines 的数据，截至 2021 年底，全球 383 款数据库中开源数据库占据 51.7%，高于 8 年前的 35.5%；排名前十的数据库中，开源数据库占据 6 席。开源数据库的流行度首次超过非开源数据库（见图 1）。

图 1　数据库流行趋势（2013~2022 年）

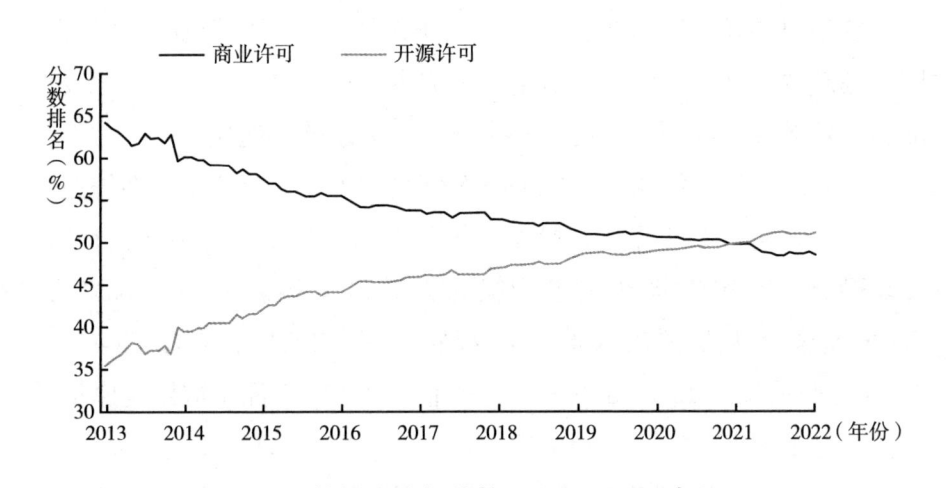

资料来源：DB-Engines，2021。

OpenLogic 发布的《2021 开源数据库趋势报告》显示，MySQL 是最知名、使用最多的，且受众面更广的数据库（见图 2）。虽然

PostgreSQL 在认知度上落后于 MongoDB，但其使用率更高，并且有更多的受访者计划在未来使用它。

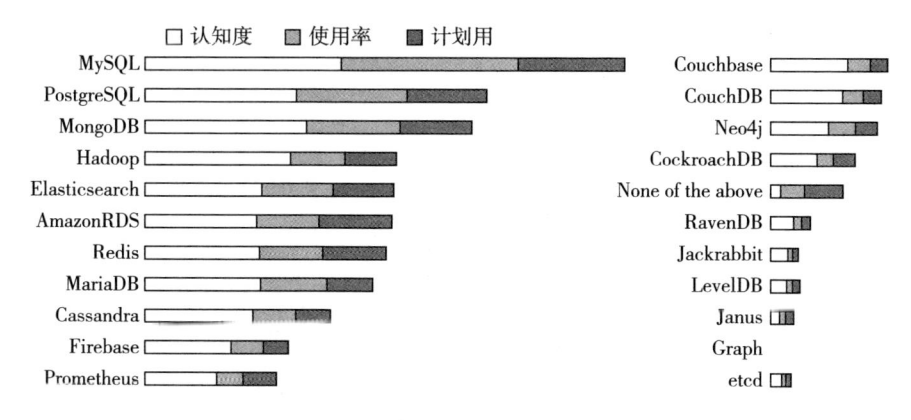

图 2　2021 年开源数据库应用趋势

资料来源：OpenLogic，2021。

PostgreSQL 是一个活跃度较高的开源产品，作为 DB-Engines 发布的 2021 年度数据库亚军，它与 DB-Engines 上流行度排名前三名的数据库系统（Oracle、MySQL 和 Microsoft SQL Server）仍存在较大差距，差距比例在不断缩小，在过去一年中，Oracle 和 PostgreSQL 之间的得分差距下降了大约 14%。国内情况，根据 2021 年全球数据库年度排名（见图 3），来自中国的分布式数据库 TiDB 和时许空间大数据引擎 TDengine 活跃度占据第三位和第六位。2021 年，蚂蚁集团自研分布式数据库 OceanBase、阿里云云原生分布式数据库 PolarDB-X 相继宣布开源。

2. 工业软件持续积累

截至 2021 年底，被美国列入"实体清单"的已经有 611 家中国公司，其中包含很多中国高科技领域 IT 公司。工业软件与基础原材料、高端工艺、高端芯片等制造产业制高点并驾齐驱，彰显了巨大的战略价值。2022 年初，俄乌冲突爆发，西方 IT 企业对俄罗斯进行制裁，俄

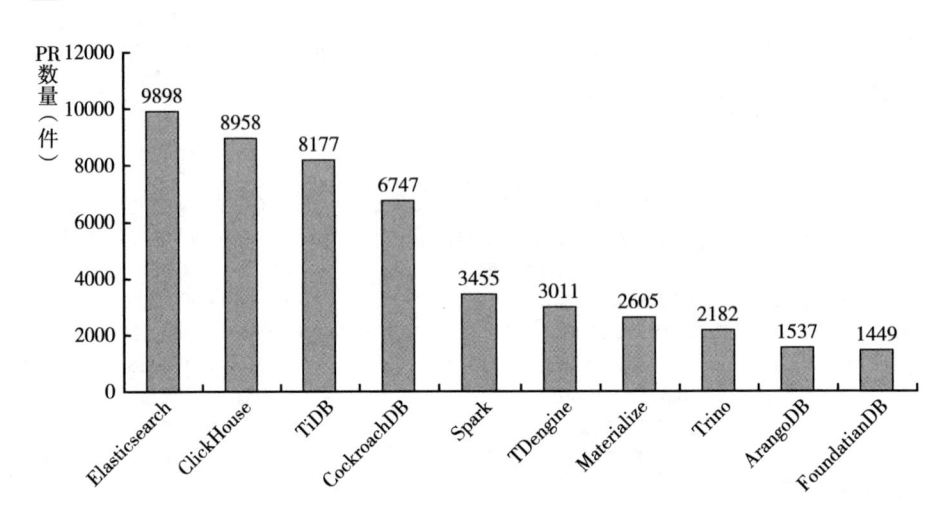

```
PR 12000
数  9898
量 10000      8958
（件）            8177
  8000              6747
  6000
                            3455
  4000                           3011
                                       2605
                                            2182
  2000                                           1537 1449
     0
      Elasticsearch ClickHouse TiDB CockroachDB Spark TDengine Materialize Trino ArangoDB FoundatianDB
```

图3　2021年全球数据库年度排名（TOP10）

资料来源：GitHub Archive，PingCAP，2021。

罗斯国内的工业和轻工业办公软件几乎完全瘫痪，3D建模软件、AutoCAD制图软件和PS已经无法打开。因此中国软件企业必须重新审视技术框架和开发路线，提高国产化和开源软件的比例。根据新思科技发布的《2021年开源安全和风险分析报告（OSSRA）》统计，航空航天、汽车、运输和物流行业软件开源代码成分占比达到70%，制造业、工业和机器人，能源与清洁科技等行业软件产品开源代码比例甚至高达84%和81%。在工业软件门类中，尤其是CAD/CAE等具有基础共性和"用户创新网络"效应的研发设计类软件适合以开源模式发展。目前AutoCAD、SolidWorks、MATLAB、Adode等计算机辅助设计、图像处理、数学软件、三维建模等领域常用设计软件都有相应的开源替代产品。

（二）开发语言持续稳定

根据GitHub 2021年度报告，从编程语言的使用来看，Javascript从2014年以来一直稳坐头一把交椅，而Python是第二受欢迎的语言，紧随其后的是Java和快速增长的TypeScript（见图4）。

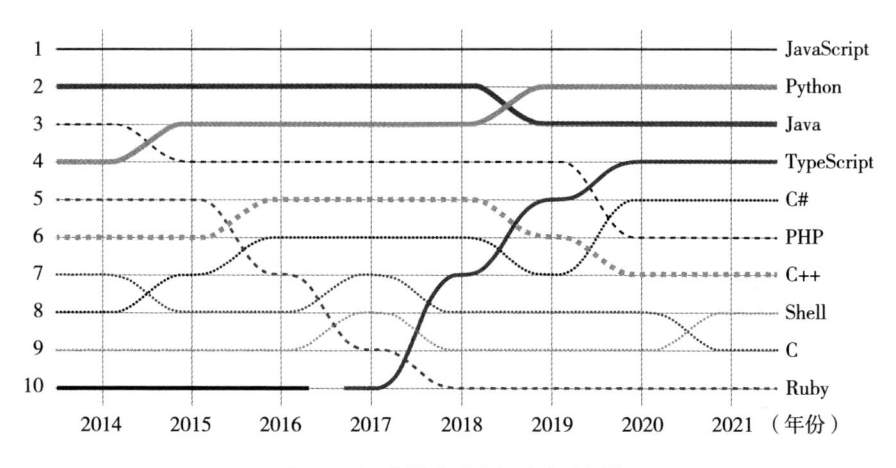

图 4　全球编程语言流行趋势

资料来源：GitHub，2021。

Gitee数据显示，Java作为国内目前应用最广泛的语言（见表1），在2021年仍保持着强大的竞争力，仓库数量在极高存量的情况下仍有不错的增长态势，使用Java的仓库数量占比超过了2020年的37%，回到了2019年的50%左右。移动端语言（Android开发语言/Objective-C/Swift）在2021年仍难以重现往日的辉煌，仅剩下Android开发语言以1.89%的占比留在第十名，这与跨平台开发框架和各类小程序越来越流行不无关系。

表1　2021年国内编程语言应用统计

单位：%

排名	编程语言	占比	排名变化
1	Java	49.28	
2	JavaSrcipt	12.07	
3	Python	6.92	↑1
4	PHP	5.22	↓1
5	Golang	4.29	↑3

续表

排名	编程语言	占比	排名变化
6	C#	3.81	↓1
7	C++	3.24	↑2
8	C	2.60	↑3
9	HTML	2.53	↑1
10	Android 开发语言	1.89	↓4

注：Android 开发语言为 Java 和 Kotlin，这里为了跟后端的 Java 做区分用 Android 概括。

资料来源：Gitee，2021。

（三）技术融合不断增强

1. 云计算

随着容器技术应用的持续深化、虚拟化技术的逐步成熟、微服务技术的应用落地，以及 Devops 的实践拓展，开源与云计算深度融合，从云化到云原生化，依托开源软件，可以有效解决技术场景的多个难点，迅速补齐产品能力短板。2021 年，亚马逊、阿里、腾讯分别推出云融合的大数据技术产品。

2. 大数据

开源模式下的大数据技术已形成了 ICEBERG、HUDI、DELTALAKE 三大技术流派，其共性特点是支持批流处理，提供数据更新、事务、可扩展源数据、多种存储引擎和计算引擎等功能，补齐大数据技术栈的短板。2021 年 10 月，云原生开源数据平台 Stream Native 获得 2300 万美元 A 轮融资。2021 年，国内企业数据湖产品逐渐落地，华为云、腾讯均发布了其数据湖产品，阿里云也发布湖仓一体 2.0 产品，数据湖产品化进展加速。流计算开源社区持续火热，Flink 是最活跃的 Apache 开源项目之一，其社区邮件列表活跃度居第一，commit 提交数居第二，GitHub 访问量居第二。

3. 人工智能

开源为人工智能带来了更好的安全性,并加速了应用场景的丰富和快速演变。目前有48%的企业将开源技术用于AI/ML,预计到2023年,这一数字将上升到65%。过去十年涌现了大量的AI算法和应用,这背后都离不开开源深度学习框架提供的支持。开源深度学习框架是AI算法研发和AI应用落地的"脚手架",帮助AI研究员和开发者大幅降低算法研发门槛,提升研发效率。2021年7月,蛋白结构两大AI预测算法——DeepMind的AphaFold2和华盛顿大学等机构研发的RoseTTAFold相继开源。IDC的调研显示,中国人工智能领域90%以上的产品都使用了开源的框架、库或者其他工具包。同时,国产深度学习框架陆续开源且发展迅速,逐渐在开源框架市场占有一席之地。比如MegEngine的DTR技术、OneFlow的SBP并行方案和MindSpore的AKG等国产框架。

三 全球开源生态持续完善,活跃度不断提升

开源在促进技术革新的同时,其自身的生态发展也不断完善。

(一)开发者及开源社区空前活跃

2021年GitHub报告显示,GitHub的开发者数量已经飙升到了7300万,而在2020年9月,还只有5600万,2019年为4000万,连续两年增长率均在30%。

对活跃用户所在地进行统计可以发现,在全球总开发者中,来自北美洲的最多,占比达到31.5%,之后是亚洲31.2%、欧洲27.3%(见图5)。其中美国开发者最多,共有1355万,中国次之,共有755万GitHub开发者。2021年以来,中国开发者新增了近103万,越来越多来自中国的开源爱好者参与到各种开源项目中。

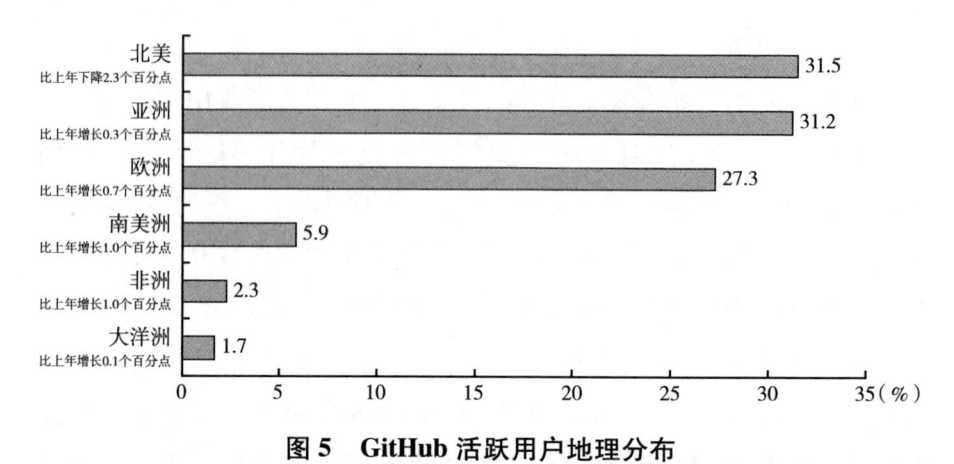

地区	占比(%)	变化
北美	31.5	比上年下降2.3个百分点
亚洲	31.2	比上年增长0.3个百分点
欧洲	27.3	比上年增长0.7个百分点
南美洲	5.9	比上年增长1.0个百分点
非洲	2.3	比上年增长1.0个百分点
大洋洲	1.7	比上年增长0.1个百分点

图 5　GitHub 活跃用户地理分布

资料来源：GitHub，2021。

"社区重于代码"，开源社区通过不断运营吸纳各类型、各地域参与者不断加入，多元化社区逐步形成，全球开源社区活跃度空前。GitHub 2021 年度报告数据显示，GitHub 上代码编写和生成的自动化程度显著提高，这使不同团队之间的协作更方便，开发者的工作价值更易实现。并且实践自动化也消除了大量的分歧和重复性任务，使团队在开源方面的表现提高了 27%，在工作项目完成度上提高了 43%，无缝代码重用让开发者的效率提升了 87%。虽然目前我国开源社区活跃度跨越式提升，但与全球先进水平仍有较大差距。2021 年 10 月，龙蜥社区（OpenAnolis）在阿里云云栖大会上首次登台，龙蜥社区已拥有 50 多家生态企业。openEuler 社区已经有 300 多家企业、近万名社区开发者加入，在被捐赠给开放原子开源基金会后，英特尔也正式签署贡献者许可协议，加入 openEuler 开源社区。2021 年 12 月，国产开源操作系统社区 OpenCloudOS 正式成立。

（二）企业开源意识逐步增强

RedHat 数据显示，世界财富 100 强企业中 84% 都在使用 GitHub，而专有软件的使用正在急剧减少。2020年，受访者表示他们使用的软件中约有一半（55%）为专有软件，2021年这个数字是42%。

78%的调查用户表示企业开源的解决方案对于解决与疫情相关的问题非常有效；76%的调查用户愿意为开源社区做出贡献；84%的调查用户相信企业开源与专有软件一样安全。数据还显示，基于社区的开源也在不断发展，已经从上年占软件使用量的16%上升到目前的19%，并且预计在两年后将达到21%。基于社区的开源增长速度没有企业开源的增速快，但是也呈上涨趋势（见图6）。

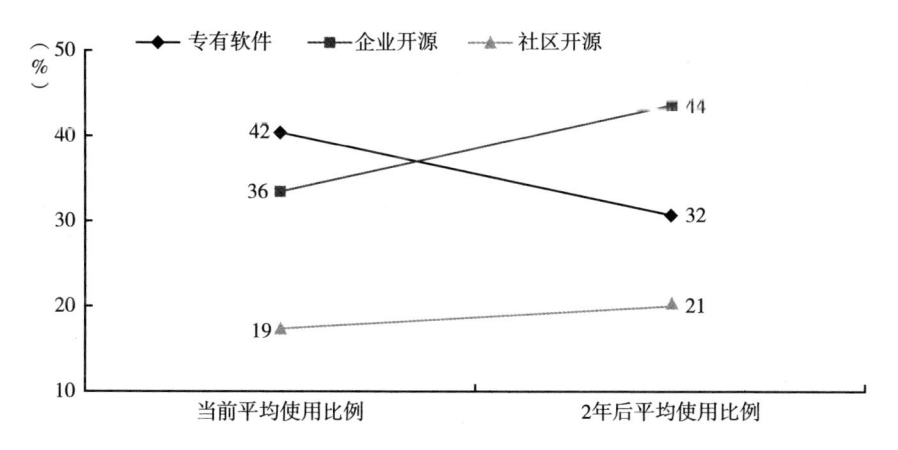

图6　软件预期变化

资料来源：RedHat，2021。

（三）开源项目持续增长

全球开源项目持续增加，连续三年增长率超过40%。全球最大开源代码托管平台GitHub 2021年度报告数据显示，截至2021年GitHub托管仓库已接近3亿个，2021年新增仓库6100万个。2021年11月，InfoWorld在其官网公布了2021年最佳开源软件榜单（见表2），共有29个开源项目获奖，覆盖了软件开发、云计算、机器学习等多个领域。

表 2　2021 年最佳开源软件榜单

排名	开源项目名称	项目简介	所属领域
1	Svelte&SvelteKit	Svelte 及全栈对应的 SvelteKit 是前端的 JavaScript 框架	软件开发
2	Minikube	易于在本地运行 Kubernetes 的工具,可在虚拟机内轻松创建单机版 Kubernetes 集群	软件开发
3	Pixie	Kubernetes 应用的可观察性工具,它可以查看集群的高级状态,并提供详细的视图	软件开发
4	FastAPI	高性能 Web 框架,用于构建 API 接口	软件开发
5	Crystal	具有 C 语言的速度和 Ruby 语言的表现力的编程语言项目	软件开发
6	Windows Termina	全新的、功能强大的命令行终端工具	软件开发
7	OBS Studio	一款用于实时流媒体和屏幕录制的软件	视频软件
8	Shotcut	一款跨平台的视频编辑工具,允许对音频和视频轨道进行所有的标准修正	视频软件
9	Weave GitOps Core	支持有效的 GitOps 工作流,以将应用程序持续交付到 Kubernetes 集群中	软件开发
10	Apache Solr	是基于 Lucene 的全文搜索服务器,也是最流行的企业级搜索引擎	搜索引擎
11	MLflow	跟踪、管理和维护各种机器学习模型、实验及其部署	机器学习
12	Orange	允许用户创建一个数据分析工作流程,执行各种机器学习和分析功能以及可视化	机器学习
13	Flutter	专注于 Android and iOS 低延迟的输入和高帧率问题,用于创建高性能、跨平台的移动应用	软件开发
14	Apache Superset	数据探查与可视化平台,可以轻松对数据进行可视化分析	数据分析
15	Presto	开源的分布式 SQL 引擎,用于在集群中在线分析处理多种数据源	数据分析

续表

排名	开源项目名称	项目简介	所属领域
16	Apache Arrow	为平面和分层数据定义了一种独立于语言的柱状内存格式,支撑现代 CPU 和 GPU 上的高效分析	软件开发
17	InterpretML	开源的 Explainable AI(XAI)包,其中包含了最先进的机器学习可解释性技术	机器学习
18	Lime(local interpretable model-agnostic explanations)	通过扰动输入的特征并检查预测结果来解释任何机器学习分类器的预测	机器学习
19	Dask	用于并行计算的开源库,可以将 Python 包扩展到多台机器上	云计算
20	BlazingSQL	基于 RAPIDS 生态系统构建的 GPU 加速 SQL 引擎	数据分析
21	Rapids Nvidia	整合 Rapids 开源软件库和 API 套件,实现 GPU 上执行端到端的数据科学和分析管道	数据分析
22	PostHog	为开发人员构建的开源产品分析平台	数据分析
23	LakeFS	以管理代码的方式管理数据湖,为对象存储增加了版本控制	数据分析
24	Meltano	数据仓库框架支撑项目建模、摄取和转换数据	数据分析
25	TrinoTrino（原名 PrestoSQL）	分布式 SQL 分析引擎,能够对大型分布式数据源运行极快的查询	数据分析
26	StreamNative	高度可扩展的消息和事件流平台,简化了实时报告和分析工具以及企业应用流的数据管道铺设	数据分析
27	Hugging Face	提供了最重要的开源深度学习资源库	深度学习
28	EleutherAI	包含 200 亿参数、预训练、通用、自回归大规模语言模型	深度学习
29	Colab notebooks for generative art	生成文本和图像矢量嵌入的多模态模型	图像处理

资料来源：国家工业信息安全发展研究中心整理。

（四）开源基金会持续繁荣

国际开源基金会不断繁荣，国内开源基金会刚刚起步。开源基金会主要面向开源项目第三方知识产权托管，同时提供配套服务。国际上已有几十家权威开源基金会在全球的开源生态中发挥着巨大作用。据统计，Apache 软件基金会、Linux 基金会受关注程度较高，我国的开放原子开源基金会紧随其后（见图7）。

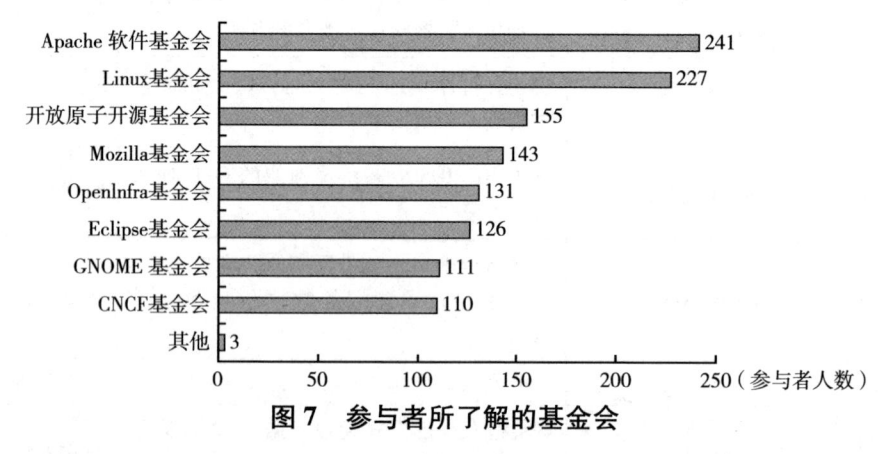

基金会	参与者人数
Apache 软件基金会	241
Linux基金会	227
开放原子开源基金会	155
Mozilla基金会	143
OpenInfra基金会	131
Eclipse基金会	126
GNOME 基金会	111
CNCF基金会	110
其他	3

图7　参与者所了解的基金会

资料来源：国家工业信息安全发展研究中心整理。

我国的开源基金会起步晚，但目前已经出现了首个尝试——开放原子开源基金会。开放原子开源基金会为各类项目提供中立的知识产权托管服务以及运营服务，推动软件科技产业开源模式搭建，目前平台有超过 10 个开源项目处于孵化期。开放原子开源基金会的设立是中国开源发展历程的重要节点，具有巨大的发展潜力。我国在开源基金会的地位逐步提高。在 Apache 软件基金会、Linux 基金会、CNCF 基金会等国际开源基金会中，源自中国的开源项目越来越多。2021 年 Apache 软件基金会迎来了 5 个来自中国的开源项目，单论数量应该是历年之最。更多中国企业和开源人士在 Rust、Apache、Linux、FinOps 国际基金会中承担重要角色。

（五）托管平台方面美国占据主导

托管平台方面美国占据主导，国内发展较为薄弱。代码托管平台既是开源软件代码的"托身"之所，也是开源活动的聚集之地。美国代码托管平台几乎垄断了开源软件的代码托管服务。GitHub 仍是全球最大的代码托管平台，包含了全世界很多优秀的开源项目。2021年，GitHub 已拥有 400 万代码仓库和 7300 万开发者，相较于 2020 年，增加了 21.3 万名首次开源项目贡献者。2021 年 10 月全球第二大代码托管平台 GitLab 上市，在 2020~2021 财年，使用 GitLab 付费版本的客户有 173 家，每年为其贡献 10 万美元以上收入的客户有 283 家。随着国家政策的鼓励，国内开源也正在快速发展，主要集中于国内知名科技企业部署的各类代码托管平台，如 Gitee、阿里云 Codeup、腾讯 CODING 等。但国内平台在代码量、访问量，以及代码研发、项目管理、代码评估等方面与 GitHub 仍有较大差距。

（六）公共服务不断扩展

开源公共服务主要涉及开源信息资源共享、共性技术研发、公共测试服务、开源教育培训、科技创业孵化、开源人才交流等。实际上，开源公共服务主要依托于开源社区和开源基金会，每年都会举办大规模的开源赛事、开源论坛、开源培训等活动。随着开发者对社区的认可度不断提高，再加上传播媒介的多样化，开源公共服务范围逐步扩展，加速了开发者社区概念的普及，公众的认知度不断提升。2021 年，国内开源逐渐兴起，从《2021 年度中国开源年度报告》的排名（见表3）中可以看出，除了优质项目的作者外，知识博主也受到了诸多关注，很多知识博主选择将代码仓库作为公开的学习资料储存库使用，代码仓库的用途不再仅限于存储代码，这种新型的知识分享形式也越来越受到开发者们的欢迎。

表3 2021年度最受开发者关注的用户

排名	用户	用户主页	用户介绍
1	狂神说	https://gitee.com/kuangstudy	知识博主
2	若依	https://gitee.com/y_project	GVP作者
3	peng-zhihui	https://gitee.com/peng_zhihui	优质智能硬件作者
4	贤心	https://gitee.com/sentsin	GVP作者
5	小柒2012	https://gitee.com/52itstyle	GVP作者
6	百小僧	https://gitee.com/monksoul	GVP作者
7	飞扬青云	https://gitee.com/feiyangqingyun	优质Qt项目作者
8	技术胖	https://gitee.com/jishupang	知识博主
9	JEECG开源社区	https://gitee.com/jeecg	优质低代码项目作者
10	花裤衩	https://gitee.com/panjiachen	优质JavaScript项目作者

资料来源：Gitee，2021。

四 开源在技术创新中的主导性力量日益显著

（一）开源的战略高度不断提升

开源安全、开源合规和自主开源将成为重要议题。开源"集众智，采众长"，已成为全球科技创新的主导模式，但开源安全、开源合规和自主开源问题已成为各国开源发展的主要制约因素，也将给各国开源的高速发展带来潜在威胁。未来，各国将在持续推进开源产业发展的同时，在顶层规划上加强开源治理和合规性，企业如何开源、项目开源流程、开源项目度量等问题也是产业界关注的焦点。

（二）开源将促进技术革新

开源成为全球基础软件研发的主流，尤其是在操作系统和数据库领域。操作系统层面，云边端协同成为计算架构发展的下一个趋势，催生了对操作系统的新需求，即能够同时支持多样化的硬件架构。此外，2020年底，RedHat宣布将在2021年底结束对CentOS 8的支持，全球用户开始尝试寻找合适的操作系统进行替换。及时解决用户在CentOS退出后可能面临的风险、为用户提供更多选择，成为操作系统厂商和研发人员努力的方向，而开源又成为操作系统研发的首选模式。数据库层面，流行的数据引擎和数据管理均采用开源模式。根据数据库流行度排行榜网站DB-Engines统计，2021年在全球383款数据库中，开源数据库占51.7%，高于8年前的35.5%，排名前十的数据库中，开源数据库占据六席。其中最受欢迎的两种开源数据库管理系统是MySQL与PostgreSQL，在全球开源中属于明星项目。随着5G、云计算等新兴技术的快速发展和完善，面对海量数据信息和复杂分析处理的要求，传统的数据库技术向非结构化、非关系化模式转变。

（三）开源生态多点开花

全球开源生态多点开花，中国开源影响力将逐步提升。在开发者方面，据最新的GitHub年度开发者报告，2021年GitHub上的中国开发者新增了近103万，累计约755万。在开源项目方面，越来越多来自中国的开源爱好者参与到各种开源项目中。在Apache软件基金会、Linux基金会、CNCF基金会等国际开源基金会中，源自中国的开源项目越来越多。2021年Apache软件基金会迎来了5个来自中国的开源项目，分别是EventMesh、ShenYu、Kyuubi、Linkis、SeaTunnel，单论数量应该是历年之最。在开源基金会方面，更多中国企业和开源人士在国际基金会中承担重要角色（见表4）。

表 4　国际基金会中的中国代表

1	2021年2月9日，Rust基金会正式成立，华为是创始白金成员之一
2	2021年3月11日，Apache软件基金会官网公布新一届董事名单，Tetrate.io Founding Engineer、ApacheSkyWalking创始人和PMC吴晟成为本届唯一的新晋董事
3	2021年8月，Linux基金会成立开源安全基金会OpenSSF；2021年10月，腾讯成为中国第一家加入OpenSSF的企业
4	2021年11月2日，Linux基金会成立下一代架构（NextArch）基金会，腾讯作为创始企业加入
5	2021年11月，开放原子开源基金会TOC主席、Apache软件基金会Member、华为云与计算开源业务总经理堵俊平当选LF AI&Data基金会董事会主席
6	2021年11月24日，腾讯云加入FinOps基金会成为顶级会员，腾讯开源联盟主席单致豪和腾讯云专家工程师孟凡杰分别进入FinOps基金会的理事会和技术咨询委员会（TAC）
7	华为开源能力中心工程师王晔晖当选Linux基金会CHAOSS项目董事会董事

（四）开源商业化程度加深

一是开源将由互联网向金融、能源、电信等领域扩散。开源在加速各行业企业数字化转型等方面发挥了积极作用，随着开源赋能应用创新成效的不断凸显，开源文化在各行业、各技术领域的普及程度不断加深，开源"出圈"向金融银行、生物医疗、电信通信等其他高技术行业发展弥散。

二是开放核心成为开源商业模式的主流。由于大部分用户企业在软件满足核心功能需求的同时，对软件可用性、SLA（服务等级）、安全性等有较高要求，开源软件企业经过二次开发形成工具或功能包，并卖给有上述需求的用户，形成了开放核心的商业模式，即核心代码免费、专有工具或功能包收费。越来越多的开源企业开始采取开放核心的商业模式运营，Kafka、Confluent、Cassandra、GitLab 等公司都基于开放核心模式获得了商业上的成功。

三是云计算和 SaaS 的兴起极大拓展开源公司商业化前景。随着云计算技术等新兴技术不断成熟，云平台支持开源企业以开源方式运行"软件即服务"（即 SaaS 服务），形成了 Hosting 的商业模式，用户无须自行运维平台，直接从"可租用的软件服务"中自选所需服务即可。SaaS 云服务天然满足开源软件快速迭代的需求，同时解决了开源软件商业化产品销售推广渠道受限的问题，助力开源软件找到了稳定变现的"桃花源"，如 Databricks、Elastic 都是典型的在公有云上提供开源软件服务的商业化标杆案例，我国开源创企 PingCAP 在国外也采用 Hosting 的业务模式，在分布式数据库领域获得市场认可。

参考文献

隆云滔、王晓明、顾荣等：《国际开源发展经验及其对我国开源创新体系建设的启示》，《中国科学院院刊》2021 年第 12 期。

《中国开源软件产业研究报告》，载《艾瑞咨询系列研究报告》2022 年第 2 期。

B.12
中国开源生态持续繁荣壮大

周瑞坤 陈榕*

摘 要： 2021年，随着国家政策接连出台，我国加大对开源生态建设的重视程度，开源软件迎来重要发展机遇期。同时开源企业商业化步伐加快，我国本土10余家开源企业受到国际创业投资资金以及私募资本的高度关注。目前随着我国加快数字化转型的战略布局，开源应用在金融、医疗、电信等多个领域落地，开源产业展现蓬勃生机，受教育程度较高的年轻群体逐渐成为我国开源开发者的中坚力量。然而，宏观来看我国开源生态发展历程，开源软件仍然存在供应链安全、合规等问题。开源是"新基建"的核心基础设施，下一步应加紧开展开源软件的安全治理措施研究。

关键词： 开源生态系统 开源应用 开源治理

---

* 周瑞坤，国家工业信息安全发展研究中心工程师，主要研究领域为开源软件供应链安全、开源软件关键技术、重点行业开源生态建设等，从事软件产业研究咨询、开源技术服务、开源生态合作与宣传推广等工作；陈榕，国家工业信息安全发展研究中心软件所金融科技部行业研究员，主要跟踪国内金融科技领域应用侧发展动态，从事金融科技行业研究、金融开源研究、金融行业信息系统技术应用创新研究咨询工作。

一 国家政策环境为开源生态培育提供坚实保障

（一）国家顶层设计持续加强

作为人类进入信息社会新的历史发展阶段的超大规模智力协同模式，开源已经成为我国信息技术产业创新发展的重要引擎和实现科技自立自强的必然趋势。国家高度重视开源生态发展，国家软件发展战略将培育开源生态作为重点任务，2021年，开源首次被写入《中华人民共和国国民经济和社会发展第十四个五年规划和2035年远景目标纲要》，纲要明确提出支持数字技术开源社区等创新联合体发展；国务院印发《"十四五"数字经济发展规划》，提出支持具有自主核心技术的开源社区、开源平台、开源项目发展，推动创新资源共建共享，促进创新模式开放化演进；工业和信息化部印发《"十四五"软件和信息技术服务业发展规划》（以下简称《规划》），系统布局"十四五"开源生态发展。

"软件定义未来的世界，开源决定软件的未来"，开源是全球软件技术和产业创新的主导模式，开辟了产业竞争新赛道，开源软件已经成为软件产业创新源泉和"标准件库"，基于全球开发者众研众用众创的开源生态正加速形成，开源具有驱动软件产业创新发展、赋能数字中国建设的重要作用。《规划》将繁荣国内开源生态作为重点任务，提出到2025年建2~3个具有国际影响力的开源社区，为加快国内开源生态繁荣发展，国家开展"开源生态培育"专项行动，统筹推进建设高水平基金会，打造优秀开源项目，深化开源技术应用，夯实开源基础设施，普及开源文化，完善开源治理机制和治理规则，加强开源国际合作，推动形成众研众用众创的开源软件生态。

（二）开源行业应用落地深耕

开源生态高度遵循行业和业务属性发展规律。近年来，我国互联网、金融、软件和信息技术服务等行业是开源的主要参与主体和服务对象，随着我国加快数字化转型的战略布局，包括政府、医疗、电信、能源、交通物流、制造业在内的众多领域也正在不断拥抱开源。

在金融领域，2021年10月，中国人民银行办公厅、中央网络安全和信息化委员会办公室秘书局、工业和信息化部办公厅、中国银行保险监督管理委员会办公厅、中国证券监督管理委员会办公厅联合发布了《关于规范金融业开源技术应用与发展的意见》（以下简称《意见》）。《意见》的出台建立在开源技术催生金融行业剧烈变革的大背景之下——传统单一的银行系统正在转向模块化的开源生态。《意见》要求金融机构在使用开源技术时，应遵循"安全可控、合规使用、问题导向、开放创新"等原则。鼓励金融机构将开源技术应用纳入自身信息化发展规划，加强对开源技术应用的组织管理和统筹协调，建立健全开源技术应用管理制度体系，制定合理的开源技术应用策略；鼓励金融机构提升自身对开源技术的评估能力、合规审查能力、应急处置能力、供应链管理能力等；鼓励金融机构积极参与开源生态建设，加强与产学研交流合作，加入开源社会组织等。《意见》强调要加强统筹协调，建立跨部门协作配合、信息共享机制，完善金融机构开源技术应用指导政策，探索建立开源技术公共服务平台，加强开源技术及应用标准化建设等。

在区块链领域，政府同样加大对"开源"的重视程度。2021年6月，工业和信息化部、中央网络安全和信息化委员会办公室联合发布《关于加快推动区块链技术应用和产业发展的指导意见》（以下简称《指导意见》）。《指导意见》指出，要建立开源生态，加快建设区块链开源社区，围绕底层平台、应用开发框架、测试工具等，培育一批高质量开源项目；完善区块链开源推进机制，广泛汇聚开发者和用户资源，大力推广成熟的开源产品和应用解决方案，打造良性互动的开源社区新生态；充分强调了开源在区块链技术中的重要作用，开源软件成为区块链技术的应有之义。

在能源行业领域，2021年9月4日，国家能源集团联合华为发布矿山领域首个工业互联网操作系统——矿鸿（矿山鸿蒙操作系统）。矿鸿是基于OpenHarmony开源项目打造的工业互联网平台，部署应用在国家能源集团4个重点矿厂6个典型场景20种生产设备398个工作单元，通过自研"软总线"技术，推动业务系统融合应用，研发标准化的通信接口协议，构建煤矿工业互联网全面感知、实时互联、分析决策、协同控制的生态体系，实现了鸿蒙操作系统在工业领域的垂直应用。

在电信行业领域，通信业正处在重要的拐点和机遇期，基于开源技术的协作创新目前已经成为四大电信运营企业云网发展的重要策略。2021年6月10日，中国电信云公司、中国联通数科、上海兆芯集成电路有限公司及无锡先进技术研究院正式成为openEuler社区理事会成员。电信行业用户对开源生态的认可度、参与度不断提高。

（三）开源产业生态欣欣向荣

随着制造强国、网络强国、数字中国等国家信息化战略的深入推进，软件对经济社会高质量发展的支撑引领作用日益凸显，我国开源软件迎来快速发展的重要机遇期。国内软件企业和开发者实现了从开源使用者到参与者、贡献者的转变，开源基金会、开源项目、开源社区、开源托管平台、开发者等要素齐备的开源产业生态初步形成，在全球开源体系中的影响力日益显著。

开源基金会运营方面，开放原子开源基金会蓬勃发展。开放原子开源基金会是国内唯一的科技创新类基金会，致力于推进开源生态的繁荣和可持续发展，扮演着自主开源生态建设中基础性最强、重要性最高的角色，覆盖项目孵化到毕业全生命周期的运营管理工作，连接了产学研用投各方力量，通过对开源的运作促进代码的产品化、产业化和生态化。开放原子开源基金会成立一年半以来，陆续推动"开放鸿蒙""欧拉"等十余款重量级开源项目进入孵化阶段，截至2021年底，共吸纳了46家资金捐赠人（白金19家、金牌9家、银牌18家）和4家一般捐赠人，募集资金超过1.15亿元，与欧洲最大的开源组织Eclipse达成战略合作，共同推进开源鸿蒙在欧洲的生态建设。同时，也与其他国外基金会洽谈合作，推进开源芯片的发展，以汇聚全球资源提升国际影响力。

开源项目方面，涌现大批优质明星开源项目。聚焦操作系统、数据库、大型工业软件、区块链、云原生、工业互联网等重点领域，部分开源项目已成长为全球顶级开源项目，比如商汤的OpenMMLab计算机视觉开放算法、矩阵元的Rosetta隐私AI开源框架、阿里的RockeyMQ海量信息中间件、京东的JD Chain开源区块链、百度的PaddlePaddle深度学习平台和Apollo自动驾驶平台、海尔卡奥斯COSMOPlat工业互联网平台的开源开发框架等。同时，国内涌现了一批明星项目，openEuler在处理器、整机、操作系统、数据库、中间件、云服务等领域得到广泛应用，社区管理代码超过25亿行，吸纳超过300家产业链合作伙伴，形成以基础软件为底座的开源创新产业生态格局，另外鸿蒙、龙蜥、Deepin等操作系统发展迅速，开源产业生态进一步集聚。国产数据库发展迅速，激活数据要素价值，具有代表性的有PingCAP的TiDB、华为的OpenGauss、浪潮的ZNBase、蚂蚁集团的OceanBase、阿里的PolarDB、腾讯的TBase、清华的IOTDB等，国内开源数据库技术趋于成熟，在数据库技术的前沿研究领域中，我国已成为影响力最强的国家之一。

开发者方面，我国拥有全球第二大开发者群体，成为全球开源生态的主要贡献者。根据 GitHub 2021 年度报告，我国共有 755 万开发者，仅次于美国，预计到 2030 年，中国开发者将成为全球最大的开源群体，中国开发者数量及开源贡献度增长已成为全球最快，华为、阿里参与开源的开发者人数名列全球前 10 位，在全球最大的开源项目 Linux Kernel 中，中国开发者连续四年贡献第一，中国将成为世界最大的开源应用市场，国内开源人才培养取得积极进展。国家工业信息安全发展研究中心在第四届数字中国建设峰会期间，联合北大、清华、北航、浙大、西工大、电子科大、西安交大等重点高校在开源生态分论坛共同启动了"软件开源生态高校行"活动，普及开源文化知识，促进开源人才培养，推动产学研深入合作。中科院软件所实施"开源软件供应链点亮计划"，联合 openEuler 社区共同举办面向高校学生的暑期活动，鼓励在校学生积极参与开源软件的开发与维护，提高开源软件供应链的自主可控程度。腾讯实施"犀牛鸟开源人才培养计划"，与高校合作帮助学生了解开源，未来希望与基金会合作，贡献核心明星项目，吸引更多开发者参与开源，助力开源人才培养。

开源社区方面，协同创新模式趋于成熟。开源社区由开发者、代码托管平台、开源项目等要素构成，通过建立协作运行机制激发技术创新活力。截至 2021 年 2 月，国内开源社区数量已超 300 个，包括 CODE CHINA、木兰开源社区、Trustie 开源社区、长安链开源社区、OpenI 启智开源社区、MindSpore 等；国内最大的代码托管平台 Gitee 上的注册用户数已达 800 万，仓库数量超 2000 万个；国内木兰许可协议被国际开源组织 OSI 正式接受，成为中国首个国际通用开源协议；开放鸿蒙社区发展迅速，截至 2022 年 1 月，社区开发者达到 1268 人，社区代码仓数量超过 8500 个，社区活跃度明显提升，在项目技术协同及生态治理方面取得积极进展。

二 开发者成为国内繁荣开源生态的主要力量

（一）开发者是推动开源生态发展的中坚力量

我国开源开发者大多为受教育水平较高的年轻群体，主要来自互联网行业，集中分布在软件产业较发达地区。接触开源3~5年的"熟手"群体最为壮大，与具有6~10年开源经验的"老手"一起，组成了开源开发的中坚力量。近年来，国内开源开发者由主流行业互联网不断向医药、金融等其他高技术行业扩散，由沿海地区和软件大省不断向内陆地区延伸，开源开发者群体更为多元，开源文化在各地区和各行业的普及程度进一步加深。根据Gitee数据统计，我国开发者群体有以下三个方面的趋势特征。

从事开源的开发者群体趋于年轻化。从年龄分布来看，年轻开发者是当前我国开源开发的主要群体，我国超半数的开源开发者年龄集中在25~35岁，占比达50.5%；第二大开源开发者群体年龄为18~25岁，占比为33.7%；35岁以下的开源开发者占比超85%。从学历分布来看，本科学历的开源开发者占比达64.5%，较上年增加了5.18个百分点，值得注意的是，大专学历的开发者群体表现出明显的增长趋势，跃升为第二大群体，占比为20.6%，较上年增加6.62个百分点，增幅居于各学历首位。这反映了国内开源文化正加速向各个学历群体普及，大批大专、高职人群将成为我国开源开发的重要"后备军"，蕴藏着巨大的智力潜能，未来应重视和积极推动开源教育向大专和职业院校普及。

开源开发者由互联网向其他高技术行业渗透。数据显示，互联网行业从业者占我国开源开发者的比重高达65.6%，继续保持绝对优势。值得注意的是，医疗生物技术和其他科学领域的开发者群体显著扩大，较上年翻了三番，占比达到6.2%；教育与学术科研领域、金融和银行领域的开源开发者占比均超过了5%；电信和通信领域的开源开发者占比也达4.3%。以上数据说明，在主流行业之外，我国开源开发者群体开始在金融银行、生物医疗、电信通信等其他高技术行业发展壮大，开源文化在各行业、各技术领域的普及程度不断加深。

开源开发者集中活跃于软件产业发达地区。我国开源开发者群体的空间分布具有三大典型特征。一是多数开源开发者群体集中在一线城市和软件大省（市）。根据2021年Gitee活跃度分布，广东、北京、上海、江苏、浙江等主要软件大省（市）在活跃度排行上名列前茅，五大省（市）参与平台开源项目的开发者数量占比达52%，占据全国开源开发者的半壁江山。二是广东、北京成为国内开源发展的两大增长极。广东和北京的开源开发者群体活跃度居于全国各省份前列，形成一南一北两大增长极，对区域开源发展和人才培养有着重要的引领带动作用。三是开源力量呈现沿海优势领先、内陆加速赶超的发展态势。沿海地区的开源开发者活跃度高于内陆地区，广东、上海、江苏、浙江、山东的Gitee活跃度指数总和占全国的45%，与此同时，四川、湖北、河南等中西部省份表现出加速赶超之势，分列于排行榜的第六、第八和第九位。

（二）开发者共享协作推动开源社区欣欣向荣

开发者之间的分享、交流、协作是促进开源项目和开源社区发展完善的"源动力"。我国开源开发者的交流协作和互动水平得到显著提升，开发者与开发者之间、开发者与开源组织之间、开发者对开源项目的新增关注行为均呈现增长态势，主要表现在三个方面。一是开发者关注的开源项目持续增多。根据Gitee平台统计数据，2021年用户新增"Watch"和"Star"行为的数量大多为3个以内。在新增"Watch"行为的用户中，49.51%的用户至少"Watch"了1个开源仓库，30.87%的用户"Watch"了至少3个仓库。在新增"Star"行为的用户中，56.46%的用户至少"Star"了1个仓库，27.19%的用户至少"Star"了3个仓库。二是开发者间交流协作不断增强。用户间的相互关注行为说明了开源开发者之间沟通、协作、交流程度的加深。根据Gitee平台统计数据，2021年大部分用户的关注者数量有所增加，但关注和被关注数量大多在3个以内。在新增关注者的用户中，超过86.7%新增了1~2个关注者，但新增10个及以上关注者的用户较少，占比不到0.6%。与之相对应的，2021年大部分用户新增了对其他用户的关注，绝大多数用户新增关注的用户数量在2个以内，占比为85.7%；新增关注3个以上其他用户的较少，仅占约6.0%。三是开源组织吸引开发者参与的程度进一步提升。国内开源开发者对开源组织的关注度普遍提升，但大部分开发者新增关注的组织数量不多。数据显示，2021年大部分用户新增关注的开源组织数量集中在2个以内，占比为94.70%，其中关注了1个开源组织的用户占比为84.3%；新增关注8个及以上组织的用户占比仅为0.37%。在2021年新增关注者的开源组织中，大部分组织新增的关注数量在3个及以下，占比为89.67%，其中新增1个用户关注的组织占比达68.45%，开源组织对开发者的号召力、影响力有待进一步提升。

三 开源项目培育及社区治理整体向好

（一）明星项目培育初见成效

随着我国数字经济蓬勃发展，开源软件在云计算、大数据、人工智能、区块链等新兴技术领域持续深入应用，在基础软件和新一代信息技术领域涌现了一批明星开源项目。一是国内优质头部开源项目趋于成熟，整体开源项目健康状况向好。根据2021年下半年Gitee指数的仓库排名数据，排名前十的项目基本保持稳定。其中，Ascend 开源社区保持良好的发展态势，ModelZoo 项目仓库近半年来上升势头较快，MindSpore、Ruoyi、openEuler 等开源项目百花齐放，均有多个仓库处于 Gitee 指数前列。二是均衡发展的全能型项目初步形成。国内头部项目中初步形成了一批均衡发展的全能型项目，根据 2021 年底 Gitee 指数排名，OpenHarmony、MindSpore 等项目在影响力、代码活跃度、社区活跃度、团队健康、流行趋势五个维度上齐头并进，整体发展相对均衡。三是部分头部项目仍存在短板，亟待迎头赶上。如 mybatis-plus 在影响力、社区活跃度和团队健康维度表现较好，但在代码活跃度和流行趋势上相对落后；pig 在影响力、社区活跃度和流行趋势上表现较好，但在代码活跃度和团队健康上存在一定差距。

（二）开源项目安全合规性备受关注

随着开源软件在云计算、大数据、人工智能、区块链等新兴技术领域的深入应用，开源软件供应链复杂程度逐步加深，供应链的每一个环节都可能产生安全风险隐患。我国开源项目安全合规态势整体可控，仍然要高度警惕开源供应链安全风险。

一是开源项目合规性显著提升，开发者知识产权意识增强。开源项目主要通过开源协议实现对软件产权的保护，《OSCHINA 2021 年度开源开发者问卷》数据显示，10.20%的开发者十分了解开源协议，熟悉常用许可证的使用规则，使用时会自觉遵守其限制；71.30%的开发者对开源协议有一定了解，在参与开源时会考虑合规问题，使用开源软件前会查看许可证的使用限制；仅 18.50%的开发者完全不了解开源协议，在需要时会直接使用，没有考虑过许可证的问题。同时，越来越多的开源项目开始支持国内自主开源协议。2020 年，Gitee 平台中使用木兰协议的开源项目数量约为 22500；2021 年，使用木兰协议的开源项目数量已增长至近 60000，较上年增长了

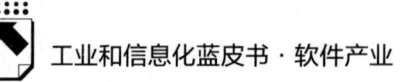

166.67%，国内自主开源协议正逐渐获得开源开发者的青睐。

二是开源供应链安全整体可控，高危漏洞敲响警钟。开源软件安全风险是国内乃至全球开源生态体系建设中不可忽视的重要因素，Apache 开源项目 Log4j2 远程代码执行漏洞的全球级影响更是再一次向人们敲响警钟，Check Point 研究报告显示，全球近一半的企业因 Log4j2 漏洞受到黑客攻击。随着国内开源生态的逐步完善以及开源项目应用范围的不断扩展，安全问题已然成为开源领域关注的重点。Gitee 对 1.5 万个开源项目仓库开展的 CVE 漏洞风险检测分析的结果显示，项目整体安全风险较低，93%以上不存在 CVE 漏洞风险。

（三）优质开源社区加速涌现

国内开源社区在朝着更加健康的方向发展，开源生态呈现欣欣向荣的态势。以 openEuler、OpenHarmony 等为代表的一批本土优质开源社区加速涌现，但是仍然存在开发者对开源理念认知不成熟、开源商业模式不清晰、大规模开源项目治理经验不足等问题，与国外优秀开源社区仍存在一定差距，尚需进一步学习借鉴国外知名开源社区的实践模式。

一是本土优质社区不断涌现，影响力和活跃度显著提升。openEuler、OpeHarmony、OceanBase 社区、蓝鲸智云配置平台社区等优质本土开源社区加速涌现，并在技术迭代、组织架构、成员构成、开源治理、上下游协作、社区生态、商业化等方面展开了有益实践（见表1）。

表1 典型健康开源社区

社区名称	简介
openEuler 社区	openEuler 是由开放原子开源基金会孵化及运营的开源项目。通过社区合作，打造创新平台，构建支持多处理器架构、统一和开放的操作系统 openEuler，推动软硬件生态繁荣发展

续表

社区名称	简介
OpenHarmony 社区	OpenHarmony 是一个轻量级、紧凑型、分布式操作系统,可满足不同用户对多种设备的低时延、多功能要求
MindSpore 社区	MindSpore 是一种适用于端边云场景的新型开源深度学习训练/推理框架,旨在提升数据科学家和算法工程师的开发体验,并为 Ascend AI 处理器提供原生支持,以及软硬件协同优化
OceanBase 社区	OceanBase 数据库是蚂蚁集团自主研发的原生分布式关系数据库,提供金融级高可用和线性伸缩能力,不依赖特定硬件架构,具备高可用、线性扩展、高性能、低成本等核心技术优势
蓝鲸智云配置平台社区	蓝鲸智云配置平台(bk-cmdb)是一款面向资产与应用的 CMDB,致力于为企业 IT 自动化运维和 DevOps 的落地提供最基础的元数据;结合自动化的数据采集、管理、消费能力,将企业应用的配置数据和资产数据进行深度融合,形成一套可自生长的、面向应用的 CMDB
SOFAStack 社区	SOFAStack 是蚂蚁金服自主研发的金融级分布式架构,包含了构建金融级云原生架构所需的各个组件,是在金融场景里锤炼出来的优秀实践

二是社区治理不够完善,需进一步借鉴国际先进经验。我国开源社区生态建设起步相对较晚,整体仍存在社区少、项目少、贡献者少、开发者对开源理念认知不成熟、开源商业模式不清晰、大规模开源项目治理经验不足等系列难题,赶超国际尚有难度。Apache 软件基金会作为国际知名的开源社区和开源项目孵化器,其核心理念"Apache Way"(即项目独立、厂商中立、社区胜于代码、精英治理、同侪社区、共识决策、开放沟通、责任监督)更是广为人知。借助 Apache 软件基金会,一批以 Apache ECharts、Apache DolphinScheduler、Apache Linkis 和 Apache RocktMQ 等为代表的本土项目型社区开始走向国际,在持续扩增影响力的同时,也为国内开源社区发展提供了有益借鉴。

四 宏观把控我国开源生态发展

(一)开源生态发展面临多重挑战

我国开源软件产业蓬勃发展,随着互联网技术和相关企业的兴起,开源软件已成为我国软件产业发展的重要组成部分,然而仍然面临以下几个方面的挑战。

1. 开源基础架构面临供应链挑战

在科技制裁逐渐成为大国博弈手段的国际形势下,开源软件供应链风险被推至风口浪尖,引起国内高度重视。当前我国开源软件以国外开源代码为主,依托国外的开源社区,呈现自主性弱、依附性强等特点。根据美国出口管制条例的规定,所有"公开可获得"且带加密功能的代码虽然不会被限制出口数量但是需登记备案。而国际主流开源代码托管平台、开源项目、开源许可证等均不受国内掌控,此外开源基金会与代码托管平台之间的管理办法存在着较大的差异。例如,Apache基金会明确说明遵守美国开源代码出口管制,而Linux基金会自身管理则不受美国出口管制;代码托管平台比如GitHub、Google Code均声明遵守美国出口管制。当一个开源组织声明遵守美国出口管制条例就意味着美国一旦修改条例内容,一些核心基础软件则会受到出口管制。在当前国际政治局势和商业利益驱使等因素的影响下,如果美方针对中国企业开展的开源项目,中国企业托管在海外的开源代码资产就会面临被冻结的风险。

2. 开源软件安全漏洞带来的安全挑战

近年来,开源软件安全事件频发,前有Log4j2安全漏洞造成全球性影响,后有开源软件供应链投毒事件愈演愈烈。尤其在中美贸易摩擦日益紧张的局势下,美国一旦利用开源软件中的恶意代码、病毒来监视或攻击我国的信息网络，则会对我国信息安全造成致命性打击。随着开源软件在云计算、大数据、人工智能、区块链等新兴技术领域的深入应用，加之开源软件安全风险事件敲响警钟，开源软件供应链安全风险不容忽视。一方面，开源技术与数字基础设施深度融合，开源软件供应链复杂程度逐步加深，供应链的每一个环节都可能产生开源安全漏洞风险隐患，相关风险沿着供应链的树状结构由上游向下游扩散，加大开源软件供应链安全风险。另一方面，开源软件使用与获取便利，开源软件供应链上的项目发起者、维护者和使用者如若安全意识淡薄，将加大开源软件安全隐患，给不法分子以可乘之机。

3. 开源许可协议引发的知识产权及合规挑战

开源许可协议合同涉及版权、专利等，如果开源软件使用者未依照开源许可协议使用开源软件，则会面临知识产权风险。全球范围内最常用的六大开源许可协议分别是 GPL、LGPL、BSD、MIT、Mozilla、Apache，均允许用户免费使用或修改软件，然而在具体许可细节上差别较大。以 GPL 为例，使用 GPL 代码再发布软件时如未提供源代码则视为侵权行为。就国内而言，国内企业在使用分发开源软件过程中，存在错误混用不兼容的许可证，甚至违反许可证规定二次发布等问题，知识产权合规性就成为主要风险挑战的源头之一。目前，全球开源软件合规风险整体呈上升趋势，美国新思科技发布的《2021 年开源安全和风险分析》报告显示，超过 90%的代码库存在许可证冲突的情况，在 2020 年被审计的代码库中占比为 65%，2021 年开源软件许可证冲突情况增长了 38.4%。未来，随着开源在各行业的广泛应用，开源软件合规使用风险日趋严峻。另外，企业尚未建立开源软件全生命周期管理审查机制，在引入开源软件时，开源代码审查能力不足，未能从开源软件成熟度评估、许可证协议分析等角度严抓准入。

（二）开源生态发展迎来发展机遇

当前，全球范围内开源企业商业价值进一步凸显，伴随我国软件产业从无到有、从小到大的发展历程，国内软件企业和开发者实现了从开源使用者到参与者、贡献者的转变，在全球开源生态中的作用日益显著。

1. 把握开源生态发展机遇，释放数字经济新动能

《中华人民共和国国民经济和社会发展第十四个五年规划和2035年远景目标纲要》明确提出支持数字技术开源社区等创新联合体发展，完善开源知识产权和法律体系，鼓励企业开放软件源代码、硬件设计和应用服务，首次将推动开源写入国家中长期规划，为我国开源软件发展指明了方向和路径。进一步从开源基金会、开源文化、开源基础设施、开源项目、开源人才等方面，系统布局"十四五"软件业开源生态发展。在党中央、国务院的高度重视和工信部的大力推动下，我国开源生态正从平稳起步迈向加速繁荣的新阶段。随着数字中国国家信息化战略部署的深入推进，软件对经济社会高质量发展的支撑作用更加显著，我国开源软件迎来快速发展时期。当前，国内数字化发展已经走到了滚石上山、攻坚克难、啃硬骨头的关键时期，软件定义的重要性日益凸显。开源是数字经济底座，数字化发展持续激发对开源软件的旺盛需求，在数字经济发展时代越来越多软件开发都基于开源技术，开源软件应用日益广泛。我国巨大的应用市场为开源生态发展带来了更多的发展机遇。例如小米、华为等手机厂商基于Android开源操作系统开发出自主手机操作系统MIUI等；而云计算开源云OpenStack在金融、制造等领域得到广泛应用。

2. 我国目前已具备繁荣开源生态的有利条件

国内成立了首个开源基金会——开放原子开源基金会，华为、腾讯、百度等企业向其捐赠了 OpenHarmony、openEuler、超级链等重量级开源项目。其中，OpenHarmony 已汇聚 615 家组织、超过 33 万个人开发者参与共建，生态影响力逐步提升。近年来，国内培育出 Gitee、Trustie 等一批优秀开源代码托管平台，涌现了大批超级用户，活跃于全球主流开源基金会和开源社区中，发起和主导了 TiDB、飞桨、Dubbo 等一批全球领先开源项目，我国在国际主流代码托管平台上的开发者数量及贡献度增速已居全球第一，贡献项目数达到 550 万个。

（三）积极治理开源软件相关风险

为加快推进我国开源生态培育研究，有效规避国内开源安全合规及供应链风险，建议从以下几方面展开。

一是建顶层，加快建立开源相关标准规范。从开源软件全生命周期管理、安全及合规审查等角度，加快推进标准规范建设及落地，为企业引入、应用开源软件提供规范指引。

二是强自主，推动建设开源国内国际双循环格局。发展壮大国内开源代码托管平台，建设国际开源代码托管平台镜像，加快研制本土开源许可协议，鼓励社会资本建立开源科技创新类基金会，加快培育本土优质开源项目、社区及原生企业，在加强国际开源交流合作的同时，构建国内自主可控的开源生态，有效规避开源供应链风险。

三是育人才，做大开源人才"蓄水池"。通过开展开源软件进高校、全国开源大赛、开源技术峰会等活动，厚植国内开放、协作的开源文化土壤，培养开源开发者的安全合规意识，加快培育一批跨学科的复合型开源人才。

四是重治理，完善开源软件供应链管理体系。鼓励行业企业建立开源技术应用全生命周期的管理规范，制度化开展开源软件成熟度评估、许可证安全合规审查等工作，从产品的功能性能、安全性、社区建设、商业支持、行业认可度等方面，对引入的开源软件进行全面"体检"，使用过程中定期评估开源软件使用风险，软件产品发布前做好合规性审核。

五是优服务，提升开源软件公共服务能力水平。建立面向开源软件的代码分析和成熟度评估综合服务平台，完善源码检测、知识产权分析、供应链风险防范等技术手段，识别开源软件源代码安全隐患、开源许可证兼容合规、开源组件安全漏洞等情况。

参考文献

《国务院关于印发"十四五"数字经济发展规划的通知》（国发〔2021〕29号），2021年12月12日。

毕舸：《国内开源发展迎政策利好》，《计算机与网络》2021年第23期。

王晓涛：《开源亦有风险 中国软件须掌握主导权》，《中国经济导报》2021年12月24日，第2版。

《2021年网络安全相关法律法规及政策回顾》，《中国防伪报道》2022年第1期。

投融资篇

Investment and Financing Reports

B.13 2021年中国工业软件领域迎来投资风口

田莉娟 姬晴晴*

摘 要: 2021年我国工业软件产业备受资本青睐,迎来投资风口。CAD领域、EDA领域的两家企业相继于创业板上市;行业总体融资案例多、融资金额高,其中多家企业完成多轮融资;除了老牌工业软件企业外,新创企业同样受到了资本的重点关注;众多头部投资机构着手布局工业软件领域投资。资本市场对工业软件企业的大量投资,为推动我国工业软件产业进入快速发展新阶段带来了新机遇、提供了新动力。

关键词: 工业软件 企业并购 融资

---

* 田莉娟,国家工业信息安全发展研究中心软件所助理工程师,主要从事软件生态、工业软件政策、软件产融合作等方面研究工作;姬晴晴,国家工业信息安全发展研究中心软件所工业软件研究部副主任,工程师,主要从事工业软件生态、数字经济等领域研究和推进工作。

一 并购仍是国外工业企业资本运作的主旋律

在过去的几十年中，并购是很多工业软件企业发展成为领域巨头的重要手段之一。回顾2021年的全球工业软件市场，并购仍是国外工业软件企业，尤其是海外巨头快速弥补产业链"短板"、持续提升竞争力、不断扩大市场规模的主流方式。2月24日，Autodesk宣布签订波兰著名水务基础设施智慧软件Innovyze的收购协议，收购金额为10亿美元。6月25日，罗克韦尔宣布，以22.2亿美元现金收购总部位于密歇根州的软件即服务智能制造平台公司Plex Systems。7月，海克斯康集团宣布以约27.5亿美元收购Infor全球范围内的企业资产管理（EAM）业务，协议条款规定，海克斯康将与Infor以及Koch Equity Development两家科氏工业集团的子公司建立深层次商业合作伙伴关系。海克斯康获得行业领先的SaaS资产管理Infor EAM解决方案，可服务应用于几乎全行业领域，助力用户资产跟踪、数字化运维，达到最佳运营效率。10月11日，艾默生电气宣布向新AspenTech（艾斯本技术）提供60亿美元现金以收购其55%的股权。艾默生电气同意把两项工业软件业务（OSI Inc.和the GeologicalSimulation软件业务）与原AspenTech合并，成立一家新的工业软件公司，公司名称仍叫AspenTech，交易价值约为110亿美元。①

二 国内工业软件企业迎来投资风口

由于工业软件研发难度大、研发周期长、研发前期投入多、投资

---

① 《2021工业软件并购"风云"：国产"身影"缺失》，知乎网，https：//zhuanlan.zhihu.com/p/447709821。

回报周期长等特性,以及我国工业软件产业基础薄弱、工业软件企业较小较弱等情况,过去多年,我国工业软件长期未受到资本市场的关注。① 2021年以来,伴随着政策支持持续加码、市场需求不断扩大等因素的影响,工业软件领域迎来了新的投资风口。

(一)工业软件企业掀起上市热潮

2021年,是我国工业软件企业上市探索之路上极具里程碑意义的一年。共有两家企业突破重围,在科创板上市成功。3月11日,历经23年在工业软件领域的探索与深耕,中望软件成功登陆上海证券交易所科创板,成为我国A股首家CAD上市公司。② 本次公开发行,中望软件募集资金23.3亿元,拟用于"二维CAD及三维CAD平台研发项目""通用CAE前后处理平台研发项目""新一代三维CAD图形平台研发建设项目""国内外营销网络升级项目"等。③ 12月28日,经过11年在EDA领域的不懈积累与沉淀,概伦电子成功在上海证券交易所科创板上市,成为我国科创板首家主营EDA业务的上市公司。④ 本次公开发行,概伦电子募集资金12.27亿元,拟用于建模及仿真系统升级建设项目、设计工艺协同优化和存储EDA流程解决方案建设项目、研发中心建设项目、战略投资与并购整合项目、补充营运资金。⑤

---

① 《从全球视野破解中国工业软件产业发展之道》,腾讯网,https://new.qq.com/omn/20210625/20210625A04BVF00.html。
② 《中望软件在上交所科创板上市,成国内A股首家研发设计类工业软件上市企业》,中望软件官网,https://www.zwsoft.cn/news/16_8150.html。
③ 《中望软件跌5%创新低 货币资金较多IPO超募15.8亿》,中国经济网,https://baijiahao.baidu.com/s?id=1726628672269343219&wfr=spider&for=pc。
④ 《国产EDA第一股:概伦电子迈入新阶段》,ZAKER网,http://app.myzaker.com/news/article.php?pk=627c64258e9f09171f6ac9ad。
⑤ 《破发股概伦电子创新低 IPO募资12亿招商证券赚0.8亿》,中国经济网,https://baijiahao.baidu.com/s?id=1728804829331352794&wfr=spider&for=pc。

多家企业上市之旅取得新进展。EDA领域,华大九天、广立微分别于9月2日、12月24日创业板IPO成功过会,拟募集资金分别为25.5亿元、9.56亿元。仿真领域的华如科技于12月17日获得创业板上市委审议通过,拟募集资金8亿元。另外,还有多家企业均处于积极筹备上市过程中,包括数码大方CAXA、华天软件、安世亚太、思普软件、浩辰软件、思尔芯、芯禾科技等。①

(二)新老企业频获融资,且金额高、次数多

2021年我国工业软件企业备受资本市场青睐,不论是新创的还是老牌的工业软件企业,均频频获得融资,总体呈现融资次数多、多家企业完成多轮融资、融资金额高的态势,形成了资本助推产业发展的良好局面。

在CAD领域,华天软件分别于2021年初完成近亿元A轮融资、2021年7月完成1.8亿元B轮融资、2022年2月完成近4亿元C轮融资,卡伦特完成近亿元A轮融资;在CAE领域,数巧科技完成数千万元A轮融资,云道智造完成近3亿元战略融资,励颐拓获得数千万元战略投资;在EDA领域,芯华章分别于2021年1月完成数亿元A+轮融资、2021年5月完成超4亿元Pre-B轮融资、2022年1月完成数亿元Pre-B+轮融资,芯行纪分别于2021年10月完成数亿元A轮融资、2022年1月完成数亿元A+轮融资,为昕科技获得数千万Pre-A轮融资;在MES领域,上扬软件完成数亿元C轮融资,黑湖智造完成近5亿元C轮融资,新核云分别于2021年1月完成1.5亿元B+轮融资、2021年8月完成近2亿元C轮融资,欧软、木白科技等新兴厂商也先后获得融资。

---

① 《国产工业软件迎投资热潮,仍需务实前行》,e-works数字化企业网,https://articles.e-works.net.cn/viewpoint/article150090.htm。

表 1　2021 年部分工业软件企业亿元级别融资事件

时间	企业	融资金额	融资轮次	主营业务
2021 年 8 月	新核云	<2 亿元	C	云 MES、云 ERP、TPM、TQM
2021 年 1 月	新核云	1.5 亿元	B+	云 MES、云 ERP、TPM、TQM
2021 年 7 月	云道智造	<3 亿元	B	CAE
	云道智造	1.8 亿元	B	CAD
	天洑软件	>1 亿元	B	CAE
2021 年 6 月	摩尔元数	<1 亿元	B+	工业 aPAAS 平台
2021 年 3 月	航天云网	26.32 亿元	战略融资	工业 APP、工业互联网平台
2021 年 2 月	黑湖智造	5 亿元	C	制造协同 SaaS
	博依特	1 亿元	A	SaaS
2021 年 1 月	芯华章	>1 亿元	A+	EDA
	华天软件	1 亿元	A	CAD

资料来源：企查查数据库、鲸准数据库、头豹研究院。

（三）投资方中不乏头部投资机构

回顾 2021 年我国工业软件企业众多融资案例中，不乏头部投资机构的身影，例如，红杉中国领投了对云道智造、芯华章等企业的投资，高瓴创投领投了对卡伦特、数益工联等企业的投资，达晨财智领投了对恒远科技、数巧科技等企业的投资，顺为资本领投了对新核云、可以科技等企业的投资等。这些顶级投资机构的大力支持与参与，释放出了一个良好的信号，表明我国工业软件产业已具备了吸引社会资本且被资本市场认可的发展前景和实力，也标志着顶级投资机构开始重视和积极布局我国工业软件领域。[①]

---

① 金融界：《百亿核心工业软件市场怎么投？高瓴、联想已布局》，https://www.sohu.com/a/532469211_114984。

B.14 中国开源商业化取得积极成效

王思檬 鲁萍*

摘 要： 开源商业化本质上是"延迟满足"，初期牺牲一部分利润空间，换取一部分用户群体后探索多样化的变现渠道，从而达到更高的市场集中度和更快的成长速度。2021年，全球基于开源项目的初创企业空前活跃，开源企业迎来IPO热潮，获得融资或上市的情况屡见不鲜，且融资金额和估值/市值不断刷新上限。我国开源领域受到国际创业投资以及私募资本高度关注，已成为当下最为火热的投资赛道。商业活动的活跃能够反哺开源项目发展壮大，进一步刺激开源社区走向繁荣，推动开源软件实现更快速度、更高质量的发展迭代。

关键词： 开源软件 上市融资 开源商业化

一 全球开源商业价值认可度逐渐提高

2021年可以称得上是开源商业化爆发的一年。根据OSS Capital

---

* 王思檬，国家工业信息安全发展研究中心工程师，主要跟踪国内外软件产业重点领域发展动态，从事开源产业研究、开源项目评估检测等工作；鲁萍，国家工业信息安全发展研究中心初级工程师，主要跟踪国内外软件产业重点领域发展动态，从事开源产业研究、地方及行业开源研究咨询、开源生态合作与宣传推广等工作。

的统计，国际上截至2021年上半年，仅仅6个月的时间里风投公司对开源商业公司的投资额已经超过了50亿美元，全年产品融资额已经达到甚至超越此前20年的总和，开源上市公司市值突破5000亿美元。开源社区和开源软件的商业价值在资本市场得到认可。开源软件在云原生时代找到了一个好的商业模式，解决了商业化的问题。

（一）全球开源企业上市层出不穷

2021年全球先后有4家开源企业成功上市，其中Confluent、GitLab、HashiCorp市值均超过百亿美元。

2021年6月，消息系统Apache Kafka背后的公司Confluent在纳斯达克上市。Confluent在2020年4月的最后一轮风险投资中估值为45亿美元，一年后在上市首日估值超过100亿美元。Apache Kafka作为全球著名的开源流处理平台，每天可以传输数万亿个数据点，延迟仅为几毫秒。凭借强大的性能，Kafka成为最成功的开源项目之一，拥有超过6万名来自全球的社区成员，大约超过70%的财富500强企业使用过Kafka，包括花旗集团、Humana、英特尔和沃尔玛等。10月24日，全球大型国际开源代码托管平台GitLab完成IPO，正式在纳斯达克上市，股票代码"GTLB"，发行价格77美元，发行1040万股，总募资8亿美元。GitLab创始于2011年，主要提供一站式完备DevOps平台，支持用户处理、规划、验证、打包、发布和监控代码，曾获得谷歌投资、高盛等知名机构的投资。2021年3月，GitLab与红杉宽带跨境数字产业基金、高成资本合作成立极狐公司并落地武汉，极狐公司自主研发并独立运营GitLab CN开源代码库（代号：JH），推出的GitLab中国发行版"GitLab JH"持有独立知识产权，实现完全独立运营。12月9日，美国的世界级云开源软件公司HarshiCorp在纳斯达克挂牌上市，股票代码"HCP"，市值达152亿美元，成为全球市值最高的开源公司。HashiCorp公司创立于2013

年，主要提供应用程序开发、交付和维护等企业服务，与阿里云、AWS、Google 云、Microsoft Azure 等大型云基础设施提供商均建立了合作关系，其提供的 DevOps 基础设施自动化工具集开发、运营和安全性于一体，主要包括 Vagrant、Packer、Terraform、Serf、Consul、Vault 和 Nomad 等，可以帮助开发者编写和部署应用程序，加速应用程序分发，提升软件开发效率。数据显示，2021 财年，HashiCorp 实现营收 2.12 亿美元，同比显著增长 73.77%。

Confluent、GitLab、HashiCorp 的先后上市表明全球开源软件公司的 IPO 热潮已经到来。紧抓开源软件企业发展的时代机遇，推动我国开源软件企业融资上市，将成为我国开源软件企业发展的必由之路。

2021 年国外开源企业融资情况不完全统计

5 月，企业级开源 Linux 操作系统供应商 SUSE 上市，市值近 70 亿美元。

6 月，Apache Kafka 背后商业化公司 Confluent 上市，首日开涨 25%，市值超过 110 亿美元。

10 月，开源代码托管平台 GitLab 上市，市值达 148.58 亿美元。

12 月，聚焦云基础设施、DevOps 的开源软件公司 HashiCorp 上市，市值达 152 亿美元。

资料来源：国家工业信息安全发展研究中心整理。

（二）全球开源初创企业融资屡创新高

2021 年，全球众多未上市的初创企业接连获得融资，融资金额和估值不断刷新上限。据不完全统计，国外2021年获得融资的开源企业主要涉及大数据、消息系统、云原生等领域。国内开源企业2021年获得融资的主要为操作系统、数据库等基础软件领域。2021年国外开源企业融资情况如下。

2021年国外开源企业融资情况不完全统计

8月，大数据开源项目Spark、Delta Lake背后的商业公司Databricks获得16亿美元H轮融资，最新估值飙升至380亿美元，距离上一轮10亿美元的G轮融资仅仅过去7个月时间。

9月，开源OLAP分析引擎ClickHouse独立成立公司，同时获得5000万美元A轮融资，Yandex也参与其中。

10月，基于Apache Pulsar的商业化公司StreamNative获得2300万美元A轮融资。

12月，Cockroach Labs再获2.73亿美元F轮融资，估值达到50亿美元，同年1月Cockroach Labs才刚获得1.6亿美元融资。

开源产品分析工具PostHog融资1500万美元。

开源工具CloudQuery获得350万美元种子轮融资。

ArangoDB获得B轮融资2780万美元。

SphereEx获数百万美元天使轮融资。

资料来源：国家工业信息安全发展研究中心整理。

二 我国开源商业化取得积极成效

2021年是我国开源进入主流商业世界的元年，具有里程碑式的意义。本土开源初创企业商业化步伐明显加快，融资金额、估值、市值不断刷新纪录，开源社区和开源软件的商业价值在资本市场得到认可，国内开源商业化已经迎来最好的时代。

（一）我国具备开源商业化枝繁叶茂的有利条件

一是数字化发展持续激发开源软件旺盛需求。我国数字化发展已经走到了滚石上山、攻坚克难、啃硬骨头的关键时期，软件定义的重要性日益凸显。我国拥有全球规模最大的开发者群体和最丰富的应用场景，开源可以连接的创新链、产业链、价值链范围之广、规模之大无可比拟，为开源软件迭代创新和商业化落地提供了丰富的应用场景。以金融领域为例，第三方调研数据显示，九成以上金融机构应用或试用开源软件，5%左右已将开源软件作为主要软件来源，涉及技术产品类型多达上千种。

二是开源软件付费意愿和市场成熟度明显提升。随着国内对知识产权的保护显著加强，以及软件正版化工作的扎实推进，国内用户对"软"价值的认可度正在逐年提高，软件付费在内容、音视频、办公软件等领域取得明显突破。公有云服务的渗透普及加速开源软件在企业服务领域的商业化进程，目前我国企业上云率已经达到40%~50%，制造、金融、电商等行业SaaS应用的渗透率均超过或接近10%，为开源软件通过订阅、SaaS等方式提供服务带来广阔的市场空间。

三是开源技术社区已具备丰厚商业化潜力。我国开源力量迅速崛起，已成为全球开源贡献增速最快的区域，蕴藏着巨大的市场潜力。我国拥有全球最庞大的开发者群体，并且在国际主流代码平台上的贡献率不断上升，一大批优秀的国内开源企业走向全球IT行业的前列，以开源硬件、开源软件为技术基础，利用人工智能、大数据、云计算、5G、物联网、区块链、工业互联网等新一代信息技术积极参与到全球的开源生态。在这些前沿技术领域中,诞生了很多由中国开发者创建或领导的优秀开源项目。无论是国内企业自主开源的项目,还是向国际国内主流的开源基金会捐献的项目,数量都在持续增长,不断有项目从基金会成功毕业,成为顶级项目。这些优秀开源项目产生的商业价值逐步在国内市场得到认可,一批基于这些开源项目进行商业化的初创企业获得多轮投融资,进入快速发展阶段。

(二)我国开源企业商业化步伐加快

一是开源软件领域投融资情况空前活跃。我国开源领域受到国际创业投资以及私募资本高度关注,已成为当下最为火热的投资赛道。据统计,2021年已有不下10起针对开源的投融资事件,开源软件领域投融资呈爆发增长态势。7月20日,国内开源原生数据库企业平凯星辰(PingCAP)完成E轮融资,融资金额高达数亿美元,本轮融资由红杉中国领投,新加坡政府投资公司(GIC)以及五源资本、GGV纪源资本、贝塔斯曼亚洲基金(BAI)等部分老股东跟投。PingCAP是一家成立于2015年的企业级开源分布式数据库厂商,其研发的分布式关系型数据库TiDB项目具备强一致性事务、在线弹性水平扩展、故障自恢复的高可用、跨数据中心多活等核心特性,是NewSQL时代的第一个开源项目。10月12日,国产云原生批流融合数据平台原流数据(StreamNative)宣布获得2300万美元A轮融资,本轮融资由沙特阿美旗下多元化风投基金Prosperity7 Ventures与华泰证券旗下华泰创新联合领投,老股东红杉中国、源码资本继续加码。StreamNative创立于2019年,其云原生批流融合数据平台StreamNative Cloud基于Apache Pulsar消息流系统项目,支持混合公有云部署,可覆盖AWS、Microsoft Azure、Google云、阿里云等全球范围的主流云计算平台,其丰富的数据处理和计算能力及云原生的属性,可以帮助用户更加专注核心业务应用、微服务开发,无须投入人力及 IT 资源维护本地复杂系统。

一批业务核心基于特定开源项目的"开源原生企业"发展势头强劲，PingCAP 的多轮融资即为代表。一方面，PingCAP 所具备的云原生和开源原生特性是近年来软件产业投资的热点；另一方面，开源发展路径为 TiDB 产品发展带来了正向反馈，高度活跃的开源社区进一步增强了 PingCAP 的核心竞争力。类似的原流数据、Zilliz、涛思数据等均起步于开源项目，后通过商业化运作，实现市场突破，获得多轮融资。这类企业普遍具备硬核科技属性、成熟产品能力，服务全球市场，引领国内新一轮名企独角兽热潮。

2021 年本土开源企业融资情况不完全统计

2 月，一流科技 OneFlow（开源深度学习框架 OneFlow）完成 5000 万元 A 轮融资。

3 月，深圳支流科技 API7（基于 Apache APISIX 项目）完成数百万美金 Pre-A 轮以及 A 轮融资。

4 月，上海硅智信息技术 Kyligence（基于 Apache Kylin 项目）完成 7000 万美元 D 轮融资。

5 月，北京思斐软件 SphereEx（基于 Apache ShardingSphere 项目）完成数百万美元天使轮融资（2022 年 1 月，SphereEx 又完成了近千万美元 Pre-A 轮融资）。

5 月，涛思数据 TaosData（开源物联网大数据平台 TDengine）完成 4700 万美元 B 轮融资。

6 月，鲸鲮科技（基于 Linux 的开源操作系统 JingOS）获创新工场领投 1000 万美元天使轮融资。

7 月，开源原生数据库企业平凯星辰（PingCAP）完成 E 轮

> 融资，融资金额高达数亿美元，由红杉中国领投，新加坡政府投资公司（GIC）以及五源资本、GGV纪源资本、贝塔斯曼亚洲基金（BAI）等跟投。
>
> 9月，开源OLAP分析引擎ClickHouse独立成立公司，同时获得5000万美元A轮融资，Yandex也参与其中。
>
> 10月，基于Apache Pulsar的商业化公司原流数据（StreamNative）获得2300万美元A轮融资。
>
> 11月，基于Apache DolphinScheduler的商业化公司白鲸开源获得数百万美元种子轮融资。

二是数字"新基建"相关领域开源软件初创企业蓬勃发展。开源成为新一代基础软件研发的主流，从业务领域来看，获得融资支持的开源初创企业基本上都聚焦于数据库、操作系统、云基础设施、物联网基础设施等基础软件领域，尤以数据库、大数据分析、云计算等领域公司最受资本青睐（见表1），这与国家大力提倡数字化转型的背景下催生的大量市场需求密不可分；云原生、物联网、AI等前沿技术领域次之。总体来看，国内开源软件领域投融资热潮的兴起，符合国家大力提倡发展关键软件等新型基础设施的政策风向。

表1 中国获得融资的部分开源初创企业所在领域统计

序号	厂商名	开源项目	融资进度	近一次融资额	技术领域
1	一流科技	Oneflow	A轮	5000万元	AI（深度学习框架）
2	巨杉数据库	SequoiaDB	D轮	数亿元	数据库
3	易捷行云	EasyStack	D轮	数亿元	云计算（IaaS）
4	PingCAP	TiDB	D轮	2.7亿美元	数据库（HTAP数据库）
5	Kyligence	Apache Kylin	D轮	7000万美元	大数据分析

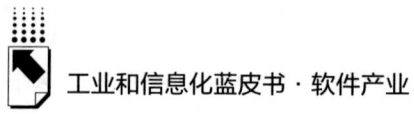

续表

序号	厂商名	开源项目	融资进度	近一次融资额	技术领域
6	飞致云	JumpServer、EaseData、MeterSphere、KubeOperator	C+轮	—	云计算（多云管理）
7	DCloud	Uni-app	C轮	—	大前端
8	ZStack	ZStack	B+轮	2.3亿元	云计算（IaaS）
9	偶数科技	Apache HAWQ	B+轮	近2亿元	数据库（数据分析）
10	EMQ	emqttd/EMQX	B轮	1.5亿元	基础软件（消息与流处理）
11	Zilliz	Milvus	B轮	4300万美元	AI（数据分析）
12	RT-Thread	RT-Thread	B轮	近亿元	物联网（操作系统）
13	涛思数据	TDengine	B轮	4700万美元	物联网（大数据平台）
14	赛昉科技	RISC-V	A+轮	累计融资近10亿元	芯片
15	支流科技	Apache APISIX	A+轮	数百万美元	云原生（API网关）
16	StreamNative	Apache Pulsar	A轮	2300万美元	云原生（消息流系统）
17	Jina AI	Jina	A轮	3000万美元	AI（深度学习搜索）
18	端点Terminus	Erda	B轮	6亿元	云原生（PaaS平台）
19	Tapdata	MongoDB	Pre-A轮	数千万美元	数据库（DaaS服务）
20	JuiceData	JuiceFS	Pre-A轮	—	云原生（存储）
21	欧若数网	NebulaGragh	Pre-A轮	1000万美元	数据库（图数据库）
22	KodeRover	Zadig	天使+轮	数千万元	云原生（持续交付）
23	SphereEX	Apache ShardingSphere	天使轮	数百万美元	数据库（中间件）
24	燧炽创新	FydeOS	天使轮	数百万元	操作系统（Chromium OS）
25	易企天创	禅道	战略投资	9900万元	应用软件（项目管理）
26	深度科技	Deepin	收购	—	操作系统（Linux发行版）
27	白鲸科技	Apache Dolphin Scheduler	种子轮	—	云原生（DataOps平台）

资料来源：开源中国社区，国家工业信息安全发展研究中心整理分析。

参考文献

《中国开源软件产业研究报告》,《艾瑞咨询系列研究报告（2022 年第 2 期）》, 2022 年。

专题篇
Special Reports

B.15 工业软件企业科创板上市情况分析与建议

李丹丹*

摘　要： 近年来工业软件企业具有较大发展潜力，已成为科创板中值得关注的重点领域之一。本报告通过分析科创板中上市企业的有关数据，得出工业软件的平均市值和平均市盈率远超过软件企业平均水平。依据最新政策，本报告对进一步推动工业软件企业科创板上市提出扩大市场融资、优化辅导机制、细化评价指标、注重企业培育等建议。

关键词： 工业软件　科创板　上市企业

---

* 李丹丹，国家工业信息安全发展研究中心软件所中级工程师，主要从事软件产业政策规划、软件园区、产融合作等领域研究工作。

2021年9月，上海市出台《上海市促进工业软件高质量发展行动计划（2021—2023年）》，提出加强资本市场对接工业软件企业，大力支持工业软件企业科创板上市。作为金融资源和工业基础雄厚的领军城市，上海以科创板为依托，在全国率先开展产融结合的创新行动，发挥先行先试效应，探索加快工业软件企业上市融资的可行路径，为我国工业软件高质量发展提供了示范引领作用。

一 科创板成软件产业重要推手，工业软件上市企业表现亮眼

当前，软件和信息技术服务业已经成为科技创新和企业竞争的主战场，发展势头强劲。据Wind金融数据库统计，截至2021年9月12日，我国科创板上市企业共计337家，总市值53260.39亿元，平均市值158.04亿元，其中软件和信息技术服务业企业49家，总市值7821.83亿元，占比达到14.69%，平均市值159.63亿元。从地域分布看，科创板中软件和信息技术服务业企业主要聚集在东部地区，北京、上海两市企业占据半壁江山（见图1）。

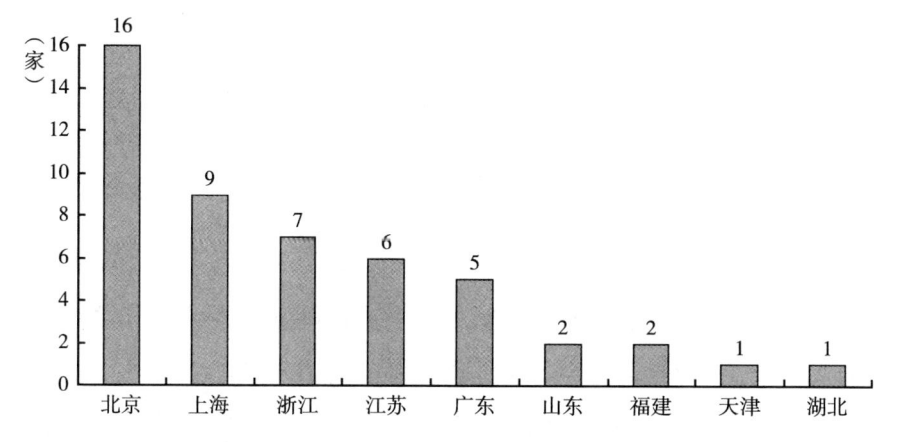

图1 科创板软件和信息技术服务业企业分布情况（Wind统计）

科创板49家软件和信息技术服务业企业中,中望软件、中控技术、柏楚电子、致远互联、品茗股份等5家典型的工业软件企业总市值1395.66亿元,占比17.84%,平均市值超过279亿元,平均市盈率达到84.59,远超过软件企业平均水平,成为科创板值得关注的重点领域之一,资本市场持续看好我国工业软件企业发展潜力(见表1)。同时,据不完全统计,目前约14家拟进行A股IPO的工业软件企业欲加入科创板"大军",科创板软件企业队伍将逐步壮大。

表1 中国科创板工业软件企业

单位:亿元

序号	企业名称	主营业务	市值	市盈率(PE/TTM)
1	中控技术	国产DCS系统	514.84	103.72
2	柏楚电子	激光切割控制	507.73	96.11
3	中望软件	CAD/CAE/CAM	287.42	203.67
4	致远互联	协同管理软件	52.14	46.26
5	品茗股份	工程建设信息化	33.44	33.23

资料来源:根据Wind数据库整理得到。

二 科创板聚焦支持"硬科技",工业软件企业迎来政策东风

上交所科创板自开板以来,聚焦支持"硬科技"的核心目标,持续强化拟上市公司的科创属性,细化明确科创属性评价体系,2021年4月,证监会修订公布《科创属性评价指引(试行)》(以下简称《指引》)。《指引》要求保荐机构重点推荐新一代信息技术领域、高端装备领域、新材料领域、新能源领域、节能环保领域、生物医药领

域等六个行业领域企业。修订后的评价指标由 4 项常规指标和 5 项例外条例构成，主要考核研发投入、研发人员、发明专利等研发创新能力指标（见表2），能够促进资本市场对重点领域中有市场潜力、成长性强的企业给予更大力度的融资支持。

表2 科创属性评价指引细则

科创属性评价指标一	科创属性评价指标二
①最近三年研发投入占最近三年营业收入比重 5% 以上，或最近三年研发投入在 6000 万元以上； ②研发人员占当年员工总数的比重不低于 10%； ③形成主营业务收入的发明专利 5 项以上； ④最近三年营业收入复合增长率达到 20%，或最近一年营业收入金额达到 3 亿元。 采用《上海证券交易所科创板股票发行上市审核规则》第二十二条第（五）款规定的上市标准申报科创板的企业可不适用上述第③项指标中关于"营业收入"的规定；软件行业不适用上述第②项指标的要求，但研发占比应在 10% 以上	①发行人拥有的核心技术经国家主管部门认定具有国际领先、引领作用或者对于国家战略具有重大意义； ②发行人作为主要参与单位或者发行人的核心技术人员作为主要参与人员，获得国家科技进步奖、国家自然科学奖、国家技术发明奖，并将相关技术运用于公司主营业务； ③发行人独立或者牵头承担与主营业务和核心技术相关的"国家重大科技专项"项目； ④发行人依靠核心技术形成的主要产品（服务），属于国家鼓励、支持和推动的关键设备、关键产品、关键零部件、关键材料等，并实现了进口替代； ⑤形成核心技术和主营业务收入的发明专利（含国防专利）合计 50 项以上

工业软件被称为现代产业体系之"魂"，在企业数智化转型和商业创新中发挥着重要作用，也是制约我国工业发展的"卡脖子"关键核心技术领域。我国大部分工业软件企业具有技术含量高、研发工程量大、投入资金大（最主要是开发人员成本）、投资回报时间长、投入风险高等特征，与科创板"硬核科技"属性天然契合。虽然工业软件企业整体仍偏小、散、弱，满 4 项常规指标要求尚有难度，但

可以从核心技术、研发人员、关键产品及服务等关键要素层面,积极争取满足5项例外条例之一。对比沪深传统板块,科创板的包容性进一步畅通了我国工业软件企业上市渠道。

三 创新机制、优化环境,打造工业软件企业科创板上市"快车道"

智能制造的发展、正版化的推进以及国产化意识的普及,为我国国产工业软件带来了历史性发展机遇。在科创属性评价体系的指挥棒作用下,科创板正在成为支持"硬核"工业软件企业做大做强的孵化器。下一步,应从市场融资、辅导服务、评价指标、企业培育等方面多措并举,加速推进工业软件企业上市。

一是充分发挥多层次资本市场融资功能。鼓励创投机构利用知识产权质押降低风险,打造专注于工业软件企业的"股权+债权"融资模式,形成"政府+银行+创投"结构。并通过多方参与,以银行、评估机构、担保机构、保险公司等为主体,构建风险分担、利益共享的多层次风险分担机制。

二是完善企业科创板上市辅导机制。鼓励国内专业研究咨询机构、第三方评估机构、券商等多渠道开展上市辅导,围绕科创属性评价指引条款和科创板上市审核规则等内容,针对我国工业软件企业特性,持续进行专业化、精细化、定制化咨询服务,助力工业软件企业降低上市风险。

三是研究细化科创属性评价指引。建立完善符合工业软件属性的企业价值评估指标体系,提高核心技术、研发人员、软件著作权等非财务指标考核权重,丰富科创属性评价指标,进一步降低工业软件企业上市准入门槛,鼓励面向工业软件企业的投资行为,畅通工业软件企业上市渠道。

四是壮大工业软件企业培育库。鼓励大型工业企业设立独立软件企业,将其现有信息技术研发应用业务剥离,支持龙头骨干企业做大做强。实施工业软件企业培育行动,加快培育一批国际领军企业、"专精特新"企业,打造特色鲜明、协同发展的工业软件企业梯队。

B.16
从"开源雨林"计划谈开源生态建设

赵 娆*

摘　要： 2021年9月23日，华为宣布启动"开源雨林"计划，助力国内开源生态建设。开源已经成为人类迄今为止超大规模智力协同的最佳组织方式之一，也成为科技创新的"主战场"，在世界范围内迎来大发展。我国亟须从开源生态的开源项目、开发者及社区、开源基金会及组织等核心要素入手，从开源文化普及、开源项目孵化、开源社区运营、开源组织话语权提升等方面综合施策，构建要素齐备、互为支撑的良性产业生态，全面赋能科技创新。

关键词： 开源软件　开源要素　开源生态

一　开源生态是以开源项目为核心构建的复杂系统

纵观开源生态的形成，是以开发者为基石的驱动式发展历程。开源生态以开源项目为根苗，以开发者及社区为动力源，以开源基金会及组织为沃土，这些组成开源生态系统的基础要素（见图1）。吸引培养开源人才、孵化扶持开源项目、发展完善商业模式、开展开源风险治理，经过不断交织演进形成庞大复杂的开源产业生态。

---

* 赵娆，国家工业信息安全发展研究中心初级工程师，主要跟踪国内外软件产业发展动态，从事基础软件、工业软件、开源等领域的技术产业生态研究和行业应用推广等工作。

图 1　开源生态系统

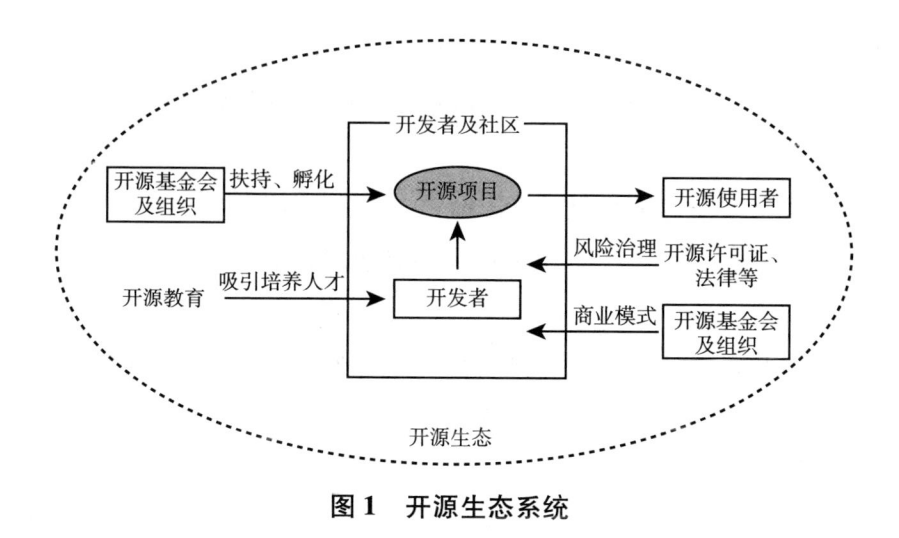

开源项目是开源生态系统的核心。开源项目主导权、项目影响力以及开发者参与度、活跃度是衡量一个国家或组织在全球开源生态话语权的重要指标。随着开源的大发展，开源项目逐渐细分形成多个核心技术领域群，如云计算、人工智能、物联网、区块链等。

开发者及社区是开源生态发展的动力源泉。开源力量的最初发源点来源于开源社区中开发者的贡献，开发者群体培养是推动开源生态建设的基础。社区基于开源文化将开发者聚集到一起，为开发、维护、推广开源项目提供知识共享平台。

开源基金会及组织为开源项目提供孵化沃土。开源基金会拥有开源项目知识产权，以非营利性的中立者身份为开发者以及用户提供良好的协作平台和项目孵化环境，是开源生态中的重要部分。目前，国际上已有的几十家权威开源基金会均在全球开源生态建设中发挥着巨大作用。

开源教育、开源商业模式、开源治理是开源生态系统可持续发展的重要保障。开源教育是开源生态可持续发展的基础，为生态建设培育输送开源人才；开源商业模式的建立，为资本涌入开源领域、促进开源项目走向产业化提供了市场机会；开源治理旨在降低开源风险、保障知识产权，是推动开源生态体系化规模化的重要保障。

二 国内开源生态建设系统化推进，部分要素表现突出

国内开源生态建设进入快车道，开源项目覆盖全栈技术领域，一批优质开源项目涌现，开发者数量及开源贡献的增长已达全球最快，开源社区及组织蓬勃发展，开源生态建设卓有成效。

优质开源项目开始涌现。我国在操作系统、数据库、中间件等领域积极投入开源，同时开始主导大数据、云计算、人工智能、区块链、物联网、云原生等技术领域的创新，一批优质开源项目涌现，如OpenHarmony、openEuler、TiDB、PaddlePaddle等。

开发者数量及开源贡献持续增长。我国在开源中的角色已从使用者逐步转变到贡献者，开发者数量及开源贡献的增长已经成为全球最快。GitHub数据显示，2020年开发者用户数较2019年增长了1600万，到2025年将有望突破亿人，预计到2030年中国开发者将成为全球最大的开源群体。此外，过去十几年间，参与Kernel.org社区的中国开发者，补丁贡献数量提升了63倍，贡献度提升了4倍，整体排名跃居世界首位。

开源社区及组织蓬勃发展。十几年来，我国开源社区从无到有，快速发展并融入社会多个领域。根据中国开源软件推进联盟统计数据，2021年国内各类型开源社区已超过300个，其中用户型社区、项目型社区、门户型社区分别占85%、11%、4%。2020年6月，我国成立首家开源基金会——开放原子开源基金会，现有捐赠单位38家，拥有包括OpenHarmony、XuperChain、AliOSThings、TencentOSTiny等在内的8个孵化项目。

三 亟须构建要素齐备、互为支撑的良性生态

经过多年的快速发展，我国在开源项目、开发者及社区、开源基金会及组织建设方面取得了系列阶段性成果，步入了开源大国行列，但仍亟须从开源文化普及、开源项目孵化、开源社区运营、开源组织话语权提升等方面综合施策，加快构建要素齐备、互为支撑的良性开源生态。

念好"文化经"，普及开源文化，融入开源世界。开源就要立足中国，面向世界，以广阔的胸怀吸收接纳来自全球的开发者，打造共建共享共益的开源氛围。一是要普及开源文化，拓展开源文化受众，增强企业及开发者等对开源的理解及对开源问题的研判和引领能力；二是组织开源课程培训，建立开源知识库、专家库，提升企业及开发者的开源技术水平、开源实践能力、风险治理能力等。

扭住"牛鼻子"，突出原始创新，以开源项目构建核心基础能力。开源生态建设既要吸纳世界开源强国的基本经验，又要根据内外部形势探索颠覆式创新，把提升原始创新能力摆在更加突出的位置，避免一味盲目追赶。一方面，开源项目应瞄准我国先进信息产业、设备制造业的发展需求，把"众智"应用到工业软件、操作系统、数据库等关键核心领域；另一方面，在软件开源的基础上，全力构建芯片设计、制造、封测开源技术体系，持续构建硬件开源核心基础能力。

沽跃"源头水"，培养领军人物，壮大开源社区。开源是一种全球性创新协作机制，对人才的国际化水平和复合型背景要求较高。一是注重以开源项目为依托，培养开源领军人才，逐步缩小国内外开源领军人才在数量、质量上的差距；二是鼓励科技骨干企业牵头创建开源社区，整合头部资源带动上下游企业和开发者加入，持续扩大开源

社区规模,提升社区活跃度。

搭好"对接桥",加强开源组织建设,积极参与开源全球体系建设和生态治理。发挥开源基金会及开源组织等机构职能,与国内外开源组织建立良好合作关系,有序推动项目、开发者、社区联动,提高开源组织影响力,在全球范围内构建有话语权的国际开源机构。

B.17 开源软件供应链风险事件的根源和症结

郭昕竺 成 雨*

摘　要： 俄乌冲突引发欧美国家对俄罗斯的制裁全面加码，制裁手段逐步由政治、经济领域向科技、文化领域延伸。在开源界，关于全球最大开源代码托管平台 GitHub 将限制俄罗斯开发人员访问其代码库的报道，使开源软件供应链/供应链风险被再次推到了产业界风口浪尖。本报告通过厘清开源软件供应链/供应链风险的根源和症结，从源头掌握开源软件断供风险的影响因素，为应对和解决开源软件断供风险提供参考。

关键词： 开源软件　软件产出　软件断供

一　政治博弈、商业利益驱动开源软件供应链/供应链风险

"软件定义世界，开源定义软件"，开源已成为全球软件产业国际竞争的战略制高点。近年来，全球参与开源的企业、开发者和开源项目数量激增，2021 年全球最大开源代码托管平台 GitHub 的开发者数量为 7300 万，较上年增加约 1700 万人，增幅达 30.4%。与此同时，随着开源逐渐成为大国博弈的新战场、产业竞争的新赛道，全球

---

* 郭昕竺，国家工业信息安全发展研究中心软件所工程师，产业政策研究部研究员，主要研究方向为软件产业经济与政策；成雨，博士，国家工业信息安全发展研究中心软件所高级工程师，产业政策研究部主任，主要研究方向为软件产业经济与政策。

开源软件供应链安全风险也在不断增加，开源软件供应链风险事件时有发生，其根源大致可分为两类。其一，由政治博弈驱动的开源软件供应链风险事件。例如，2019年7月，全球最大代码托管平台GitHub以"违反美国贸易法律"为由，对俄罗斯、伊朗、叙利亚、古巴等国家的平台账号进行封锁限制；同年，GitLab平台宣布启用"职位国家封锁"，停止招聘中国、俄罗斯的开发者担任网络可靠性工程师及相关职务；2021年2月，美国政府签署总统令，在开源软件领域对我国的限制措施全面收紧。由政治博弈驱动的开源软件供应链风险事件与国际关系动向紧密相关，一般在供应链风险事件发生前已有系列制裁措施铺垫。其二，由商业利益驱动的开源软件供应链风险事件。例如，2018年10月，MongoDB为反对部分云计算公司违背许可证协议的商业行为，将其开源项目许可证从GNUAGPLv3切换为SSPL，对部分云上用户正常使用造成一定影响；2020年12月，美国红帽公司（RedHat）宣布将于2021年底对旗下开源操作系统CentOS 8停止更新服务，CentOS曾以"免费RHEL版本"而被全球开发者广泛推崇，此举遭到全球开发者的口诛笔伐。由商业利益驱动的开源软件供应链风险事件一般难以预警，影响多为全球性。可以预见，在全球经贸摩擦趋于常态化、产业供应链风险不断加剧的背景下，由政治博弈和商业利益驱动的开源软件供应链安全事件和纠纷将更为常见。

二 开源代码托管平台、基金会、许可协议影响开源软件供应链/供应链风险

如果把整个开源生态比作"工厂"，那么用于加工原材料的"操作台"（开源代码托管平台）、生产调度的"组织站"（开源基金会）、使用权的分配规则（开源许可协议），无疑是影响开源软件断供风险的三大关键节点（见图1）。

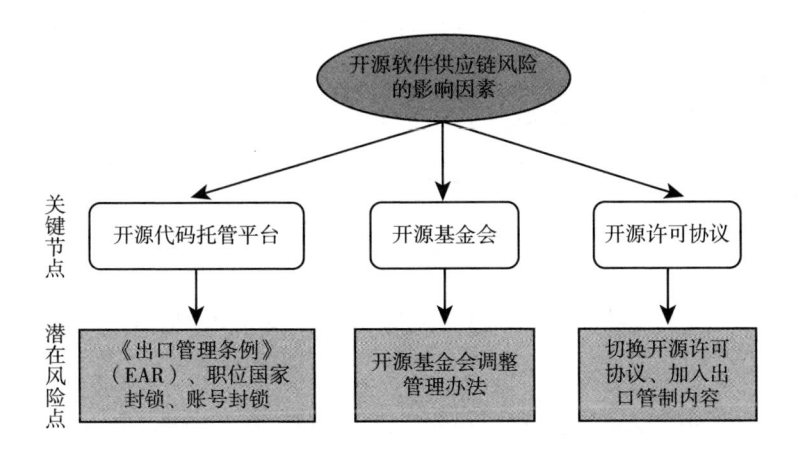

图1 开源软件供应链/供应链风险的三大症结

一是开源代码托管平台。"开源无国界,但开源代码托管平台有国别",开源代码托管平台虽以服务全球开发者为宗旨,但均需遵守所在国家的相关贸易规制。例如,国际知名代码托管平台 GitHub、SourceForge、GoogleCode 均明确表明遵守美国《出口管理条例》(EAR)等贸易法规,一旦美国对别国采取出口制裁,相关代码托管平台则极有可能在美国政府意志的影响下限制部分用户访问。

二是开源基金会。目前全球三大顶级开源基金会(Linux、Apache、OpenInfrastructure)均由美国主导,受美国法律法规管制,由美国掌握最终"解释权"。基金会管理办法是重要的潜在"风险口",以 Apache 基金会为例,其管理办法中明确表明遵循美国《出口管理条例》,旗下 Hadoop、Spark 等大数据分析平台均被纳入管制范围;Linux 基金会虽在其管理办法中声明不受 EAR 管制约束,但旗下开源项目可自行选择不同的管理办法,如虚拟化项目 Xen 便选择遵循 EAR 管制,因此供应链风险仍然不可忽视。

三是开源许可协议。开源许可协议是全球开源知识产权规则体系话语权的重要衡量标准,全球主流开源许可协议(Apache、BSD、

GPL、LGPL、MIT 等）均由美国主导制定，开源开发者可以随时通过改写或切换开源许可协议对使用者进行限制。如 2021 年 1 月，美国数据搜索软件公司 Elastic 公司对其主导的开源项目 Elasticsearch 和 Kibana 的开源许可协议进行修改，致使部分公有云上用户的使用受限，RedisLabs、Confluent 等公司也曾修改其许可证。

三 优机制，强基础，立协议，共建健康开源生态

对开源软件供应链潜在风险的预警防范是"攀爬梯"，而非阻碍其前进步伐的"拦路石"。下一步，应聚焦我国开源生态建设的短板弱项，聚力提升开源软件供应链风险监测预警水平和风险管理能力，探索出一条符合我国国情的开源软件发展之路。

（一）优机制，健全开源软件供应链风险管理体系

建立健全开源软件供应链风险监测预警机制，加强开源软件成熟度评估和代码安全测试，完善开源软件知识产权服务体系，统筹推进开源软件相关政策和管理方案的制定。

（二）强基础，加快开源生态基础设施建设

加快培育我国开源社区、开源代码托管平台、开源基金会和开源项目，增强我国开源代码托管平台的功能性能，完善基金会服务功能体系，从源头构建国家开源软件供应链的安全底座。

（三）立协议，提高我国开源许可协议的国际认可度

不断丰富我国开源许可协议的应用实践，加快版本迭代，以 OSI 等国际开源组织为突破口，大力推动我国开源许可协议与国际主流协议接轨，加强协议间的互认互通。

参考文献

王晓涛：《开源亦有风险　中国软件须掌握主导权》，《中国经济导报》2021年12月24日，第2版。

陈健、陈志：《警惕开源软件风险　提升我国软件供应链科技安全》，《科技中国》2021年第3期。

B.18
高水平建设软件园区成为产业集聚升级重要抓手

许 睿*

摘 要： 集聚化发展是做大做强软件产业的重要途径。本报告通过对软件产业特点、国外集聚发展情况以及国内软件园区现状进行分析，发现园区成为助力软件产业高质量发展的重要载体，在覆盖面、执行力、灵活度等方面具有显著优势。为了能更好地发挥辐射带动作用，本报告为园区发展提出了五方面建议，包括聚焦特色优势、应用牵引、品牌打造、人才引育、环境优化等，助力提升建设水平。

关键词： 软件产业 软件园区 集聚化发展

习近平总书记在中共中央政治局第三十四次集体学习时强调要重点突破关键软件，推动软件产业做大做强，提升关键软件技术创新和供给能力，为新时期推动软件产业高质量发展提供了根本遵循。软件是信息技术之魂、网络安全之盾、经济转型之擎、数字社会之基，通过"软件定义"引领技术创新、促进经济转型、培育发展动能，已

---

* 许睿，国家工业信息安全发展研究中心软件所初级工程师，主要从事软件产业宏观政策、软件园区与产业经济、开源生态培育等领域研究工作。

成为数字经济持续快速发展的重要底座。全球软件产业发展实践表明，集聚化是推动产业做大做强的重要路径。当前，软件园区已成为推动产业集聚发展的"新势力"，高水平建设软件园区势在必行。

一 集聚化发展是做大做强软件产业的重要路径

产业集聚是产业发展的内在规律，产业因"聚"而变，也因"聚"而兴。纵观全球，软件大国都通过集聚化发展壮大软件产业。近年来，在政府的大力支持下，我国软件产业集聚载体建设成效显著，持续助力软件产业高质量发展。

（一）集聚化是遵循软件产业发展规律的必然要求

软件产业作为当今世界创新最活跃、增长最迅速、渗透最广泛、智力最密集的领域，客观上需要"更完善"的配套政策、"更高效"的协同创新、"更集中"的人才供给、"更全面"的服务支撑。产业集聚发展带来的成本集约、技术创新、合作互补等效应能够形成政策举措的"加速器"和优质资源的"引力场"，加快实现软件产业高质量发展。

（二）集聚化是全球各国做强软件产业的共同选择

纵观全球，集聚化是做强软件产业的共同模式，软件大国政府十分重视产业集聚化发展，将软件园区打造为业务规模大、竞争能力强、辐射范围广的软件产业发展高地。例如，美国将硅谷发展成为全球高新技术领域创新策源地，印度依托班加罗尔软件产业园打造了全球最大的软件出口外包中心，爱尔兰国家科技园在政府的大力支持下成为欧洲第一大软件集聚地。

（三）集聚化是我国软件产业提质增效的重要举措

近年来，我国高度重视软件产业集聚发展，软件名城、软件园区成为推动软件产业发展、培育自主产业生态的重要力量。2021年上半年，全国13个软件名城实现软件业务收入3.48万亿元，占全国的比重达78.6%，成为软件产业发展的主力军。全国289家软件园区汇聚了超3万家企业，为软件产业贡献了近八成的收入规模、就业人数和纳税金额。各知名软件园区带动国内软件新技术、新产品、新应用竞相涌现，是实现我国软件产业跨越式发展的重要舞台。

二 高水平建设软件园区是当前提高产业集聚质量的有力抓手

当前，随着我国软件产业步入高质量发展新阶段，产业集聚效应亟待进一步发挥。软件园区作为产业集聚的重要载体，较城市而言，在覆盖面、执行力、灵活度等方面具有显著优势，能够更好地发挥辐射带动作用，以点带面推动区域软件产业做大做强。

（一）软件园区已基本实现全国各省区市"全覆盖"

近年来，我国软件园区快速发展，数量现已达到近300家，几乎覆盖全国31个省区市。软件园区通过整合人才、政策、资金等要素资源，培育骨干企业和知名软件品牌，已成为支撑各地软件产业创新发展的"新高地"和集聚化发展的有力抓手。扎实推进软件园区提质升级、培树典型，能够更广范围、更深层次地推动区域软件产业发展。

（二）软件园区可支撑地方惠企惠业政策"强落地"

我国软件园区在管理上具有"政府主导、政策驱动"的特点。

一方面，园区是落实各级各类政策的"最后一公里"，和企业的密切高效互动，确保了政策实施的及时性和有效性。另一方面，园区主管机构结合发展实际，聚焦突出问题，制定的园区发展规划、配套政策、优惠措施等更具针对性和可行性。福州软件园在落实当地各级财税补贴政策的同时，针对园区企业制定金融贴息扶持措施，并给予覆盖多种贷款的贴息扶持，为企业解决"燃眉之急"。

（三）软件园区可助力地方产业发挥优势"显特色"

新一代信息技术产业的多点开花为我国软件园区转型升级、错位发展拓展了空间。全国各类软件园区在发展定位上更加强调因地制宜，走特色化发展道路。大多园区立足地区资源禀赋和产业发展基础，结合当地经济社会数字化转型需求，聚焦软件重点细分领域，打造各具比较优势的企业主体和产业集群，培育区域特色产业生态。济南齐鲁软件园依托浪潮、金现代等龙头企业，围绕能源、医疗、安防等领域引育骨干企业，打造知名产品，已形成重点行业领域主导优势。

三 "五个聚焦"全面提升我国软件园区建设水平

新时期，高水平建设软件园区是贯彻落实国家软件发展战略部署、推动集聚载体提档升级的重要举措。坚持"五个聚焦"，推动软件园区实现特色化、专业化、品牌化、高端化发展，可对软件产业赋能数字经济提供有力支撑。

（一）聚焦特色优势

遵循产业发展规律，立足各地引领性的优势产业，面向区域经济社会发展需求，聚焦特色优势领域规划布局，引导龙头骨干企业和创新能力强、发展潜力大的中小企业入园发展，打造独具特色的产业集群，打破"千园一面"的同质化竞争局面。

（二）聚焦应用牵引

围绕园区所在地数字化转型应用需求，以优势领域产业链为主线，鼓励重点企业有的放矢地开放应用场景，推动国产软件供需对接、深化应用、优化迭代，加快打造有利于国产软件良性发展的应用生态。

（三）聚焦品牌打造

实施软件精品战略，培育壮大具有强生态带动力和国际影响力的知名企业。鼓励企业加大研发投入，强化关键核心技术攻关，打造具有市场竞争力的知名产品。汇聚业界各方资源，积极承办赛事活动，塑造具有市场知名度和生态影响力的园区主体形象。

（四）聚焦人才引育

坚持引培并举，深入推动产教融合，大力培育具有创新能力的各类软件人才，积极引进海内外顶尖人才和一流团队，为园区发展提供强有力的智力支撑。持续优化园区生活服务、智慧设施和制度文化等软环境，吸引高端人才资源创新创业。

（五）聚焦环境优化

持续完善软件园区发展顶层设计，加强对各级各类产业政策的解读，提升政策到达率。不断完善园区软硬基础设施，建立健全科技研发、技术推广、金融保险、知识产权、企业管理等公共服务体系，全面提升综合服务水平。

参考文献

洪蕾：《抓"特"创"名"共促软件产业高质量发展》，《中国信息化周报》2022年1月17日，第8版。

李丽、李勇坚：《推动我国软件园区创新发展》，《全球化》2018年第4期。

B.19 "首版次"保险补偿机制为国产工业软件应用推广"兜底"

郭昕竺 程薇宸*

摘　要： 软件"首版次"应用保险补偿机制是破解国产工业软件推广应用难题的重要途径。本报告分别从用户单位和工业软件企业的角度，分析了国产工业软件在市场应用推广过程中面临的困境，探究了我国各地方"首版次"扶持政策和措施在助力国产软件市场应用中发挥的作用，并从顶层设计、运行机制、补贴扶持、人才培育等方面提出针对性发展建议。

关键词： 工业软件　"首版次"软件　保险补偿

一　国产工业软件在应用推广初期面临"两难困境"

"好的工业软件是用出来的"，工业软件的生命力在于市场需求和数据积累。然而，我国工业软件市场长期被欧美供应商主导，例如，在研发设计领域，法国达索（Dassault）、美国参数技术（PTC）

---

* 郭昕竺，国家工业信息安全发展研究中心软件所助理工程师，主要研究方向为软件产业经济与政策；程薇宸，国家工业信息安全发展研究中心软件所工程师，主要从事软件开源生态、软件供应链安全等领域研究工作。

和德国西门子（Siemens）等国外巨头占据国内市场份额的90%以上，产品先入为主形成生态锁定。在应用推广初期，国产工业软件在用户端和企业端亟待突破两大困境（见图1）。

一是用户单位"不愿用""不敢用""不真用"。国产工业软件在产品性能、功能模块、产品线完善度等方面与国外软件存在一定差距，用户单位对软件成熟度、稳定性、兼容性存在担忧，加之长期使用行为固化，转换成本高，上下游数据迁移难度较大。

二是工业软件企业"缺市场""缺信心""缺投入"。国产工业软件产品和市场生态处于发展爬坡期，企业面临巨大的前期技术研发风险和高额研发成本，漫长投资回报周期下外部融资困难，市场应用缺乏直接导致反馈机制受阻，产品迭代升级困难。

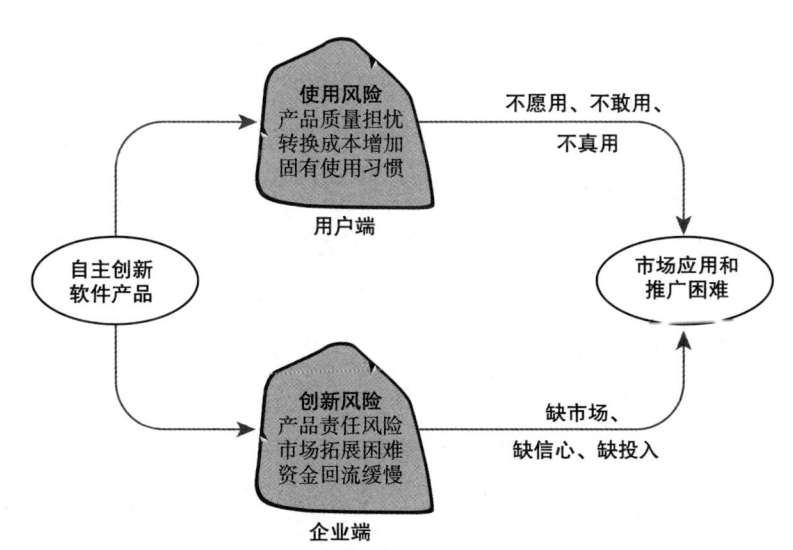

图1　国产工业软件应用推广面临的风险和阻碍

二　引入保险补偿机制，为"首版次"软件保驾护航

"首版次"保险补偿机制是解决产用两端后顾之忧的有效路径。

投保的软件产品或系统在交付验收使用后，由质量缺陷导致用户在操作和使用过程中发生意外事故时，由保险公司对产生的第三者损失和软件本身的修复、检测费用给予赔付。对于用户单位，保险补偿机制能够从源头上打消用户对国产工业软件的使用顾虑，增强用户信心，当产品质量事故发生时，保险赔偿可以及时弥补用户经济损失，免去用户的后顾之忧。对于软件企业，保险补偿机制能够转移企业技术研发风险，帮助企业突破产品推广初期的市场瓶颈，降低市场推广成本，减轻产品质量事故发生时的赔偿负担。

国家层面首创试点并出台政策予以指导。自2015年起，国家开始在重大技术装备领域探索引入保险补偿机制，2018年，国家发改委等八部委联合出台《关于促进首台（套）重大技术装备示范应用的意见》（发改产业〔2018〕558号），明确将软件系统纳入首台（套）保险范围。当年，工信部在全国软件产业政策宣贯会议上对"首版次"保险先行试点作了专题推介。首台（套）首批次首版次的"三首"保险，是中央财政首次对工业领域实行保费补贴，也是继农业保险之后中央财政采取保费补贴方式支持的第二大类保险险种，凸显了国家对工业创新发展和保险功能作用的高度重视。

各地方层面相继出台试点政策和保障措施。2018年以来，四川、山东、安徽、浙江、新疆、陕西、广东、上海等省区市相继出台地方性试点政策和保险补偿措施（见表1），一张专门为我国工业软件市场应用保驾护航的"防护网"正在全国加速铺开。以山东省为例，2018年，山东共有19家企业34个产品投保软件"首版次"质量安全责任保险和云计算服务责任保险，合同保费为1952万元，财政补偿资金达1558万元，推动新增销售收入4亿元；2019年，企业投保意愿大幅提升，有37家企业84个产品投保"首版次"高端软件保险，合同保费为5197.63万元，财政补偿资金达4158.10万元；2020年，山东省"首版次"高端软件保险补偿项目为35个。

"首版次"保险补偿机制为国产工业软件应用推广"兜底"

表1 全国各省区市"首版次"软件保险补偿政策

试点地区	重点政策	出台时间	核心内容
四川省	《关于用好财政政策资金扎实推进创新创造的通知》	2017年8月	明确提出将信息技术"首版次"纳入认定范围,给予一定奖补,并纳入省级首台(套)保险补偿试点范围
	《关于深入开展四川省首台套首批次首版次保险补偿机制试点工作的通知》	2018年12月	省级财政给予70%的"综合险"保费补贴,单个产品年保费补贴不超过1000万元,补贴时限原则上不超过3年。建立保费补贴动态调整机制
山东省	《关于支持首版次高端软件加快推进软件产业创新发展的指导意见》	2018年1月	对纳入省"首版次"高端软件名单的软件产品,省财政按不高于3%的费率及实际投保年度保费的80%给予补贴,单个企业最高额度200万元
安徽省	《关于印发支持首台套重大技术装备首批次新材料首版次软件发展若干政策的通知》	2020年3月	对省内企业投保"三首"产品推广应用综合险的,按年度保费的80%给予补贴,补贴时限为1年。每个企业每年保费补贴最高300万元
	《关于进一步推动保险业支持科技创新和战略性新兴产业加快发展的通知》	2021年4月	健全首台(套)重大技术装备保险风险补偿机制,持续推动首版次软件保险补偿机制试点
浙江省宁波市	《宁波市加快首台(套)首批次首版次产品推广应用实施方案》	2020年12月	鼓励保险机构根据"三首"产品的技术成熟程度、理赔风险等因素,分类分档确定投保费率,创新险种、扩大承保范围,建立保险理赔绿色通道
新疆维吾尔自治区	《新疆维吾尔自治区首台(套)、首批次、首版次产品认定和奖励管理办法》	2021年3月	对购买"首版次"保险的产品,在"首版次"产品创新奖励的基础上,再给予研制生产企业一次性不超过一年度保费80%的奖励,最高不超过50万元

续表

试点地区	重点政策	出台时间	核心内容
陕西省	《陕西银保监局关于推进银行业保险业支持科技创新发展的指导意见》	2021年6月	鼓励保险机构推进软件"首版次"保险等科技保险发展,为技术转移和成果转化提供风险保障
广东省	《广东省数字经济促进条例》	2021年8月	探索实施政府采购首台(套)装备、首批次产品、首版次软件等政策,支持创新产品和服务的应用推广
上海市	《上海市促进工业软件高质量发展行动计划(2021—2023年)》	2021年9月	探索推动出台"首版次"软件保险补偿政策,鼓励保险企业推出软件"首版次"质量安全责任险等产品

三 完善保险补偿机制,助推工业软件应用

随着国家和政府对工业软件支持力度的不断加大,"首版次"保险补偿机制在促进国产工业软件推广应用中将发挥更重要的作用,适时调整和完善"首版次"保险补偿机制能够有效增强政策效应。根据以上分析,提出如下建议。

一是总结地方试点经验,强化顶层政策设计。总结各地方"首版次"保险补偿机制的实践经验和设计方案,为其他地区提供先进经验借鉴,加快研究形成国家层面的"首版次"软件扶持政策体系和规范化方案设计,促进保险政策在全国范围的推广普及,鼓励地方做好与国家政策的区分和衔接。

二是优化保险运行机制,强化风险共担效应。适时调整完善保险赔付标准,确保保险赔付切实有效,建立健全保险、银行、评估、担保等多方机构共同参与的多层次承保体系,构建多主体风险共担机制,探索建立针对性和多元化的保险险种体系。

三是推动补贴落地见效，增强财政杠杆作用。扩大地方政府扶持范围和额度，创新多种补贴扶持方式，简化保费补贴申请程序，针对软件产品研发销售使用周期长的特点，适当延长补贴政策的扶持期限，提高保险补偿机制对软件行业的适用性和贴合度。

四是建立动态跟踪机制，健全人才服务体系。建立完善保险补偿机制的过程评价和风险预警机制，健全全流程动态跟踪体系和监管体系。加快推动金融行业培育配齐既懂金融又懂软件的复合型专业人才，构建软件保险金融人才库。

B.20
2021年软件与服务业上市企业发展报告

程薇宸*

摘　要： 通过分析2021年度"中国上市企业市值500强"榜单，对比各行业入围企业总体情况、软件企业市值分布和在新晋500强企业中的表现，发现软件行业市值稳定、中腰部企业发展势头强劲、在新晋500强的企业中具有突出优势。

关键词： 上市企业　软件与服务行业　市值

2022年1月，Wind发布2021年度"中国上市企业市值500强"榜单。数据显示，500强企业总市值约80万亿元，较上年的86万亿元略有下降，腾讯控股、贵州茅台、阿里巴巴稳居前三位，500强企业依然集中在金融、医药生物、电子信息、软件与服务等行业，金融领域企业数量有所下滑，材料、电子和信息技术领域的上市公司不断增加，折射出当前资本市场的冷暖格局。软件与服务行业共有26家企业上榜，较上年减少5家；3家头部企业跻身榜单前十，市值超万亿元；中腰部软件企业呈现崛起势头，商汤、快手等新上市软件企业市值表现惊艳。

---

* 程薇宸，国家工业信息安全发展研究中心软件所工程师，主要从事软件开源生态、软件供应链安全等领域研究工作。

一 软件与服务行业入围企业数量26家，市值占比稳居前四

榜单显示，根据Wind行业分类标准，2021年软件与服务行业入围企业数量26家，相较上年31家略有降低，在全部行业类别中排名第九。若按照证监会的上市公司行业分类方法，归属于软件和信息技术服务业的入围企业有34家（见表1）。

分行业入围企业数量呈现此消彼长趋势。材料、半导体与生产设备、技术硬件与设备等行业入围企业呈现明显增势，金融领域入围企业数量锐减，从上年的39家下滑至28家。

表1 2021年度进入中国上市企业市值500强的软件企业

单位：亿元

序号	排名	企业（证券）简称	市值
1	1	腾讯控股	35868
2	3	阿里巴巴-SW	21083
3	7	美团-W	11307
4	17	京东	6959
5	22	拼多多	4744
6	27	网易	4449
7	32	小米集团-W	3862
8	42	百度	3292
9	62	快手-W	2479
10	71	国电南瑞*	2220
11	115	滴滴出行	1606
12	122	商汤-W	1497
13	159	金山办公	1222
14	160	科大讯飞	1221

续表

序号	排名	企业（证券）简称	市值
15	170	用友网络	1174
16	179	哔哩哔哩	1136
17	207	携程网*	994
18	225	三六零	909
19	228	BOSS直聘*	902
20	252	宝信软件	808
21	257	深信服	794
22	266	广联达	761
23	296	金蝶国际	681
24	320	世纪华通	625
25	325	思瑞浦*	
26	331	奇安信-U	600
27	332	三七互娱	599
28	337	中科创达	588
29	366	万国数据*	554
30	535	晶晨股份*	535
31	521	浪潮信息	521
32	426	微博*	481
33	433	卫士通*	473
34	474	石基信息	431

注：以证监会《上市公司行业分类指引》为基准，带*的企业归属于软件和信息技术服务业，但不属于Wind分类标准下的软件和服务业。

资料来源：Wind，国家工信安全中心整理分析。

从行业市值及占比来看，软件与服务行业总市值达到6.47万亿元，受科技巨头反垄断等因素影响，较上年（7.89万亿元）有较大幅度下降，占500强企业总市值的8%，仅次于银行（12%）、食品饮料（11%）和资本货物（9%），排名第四（见图1），与上年持平。

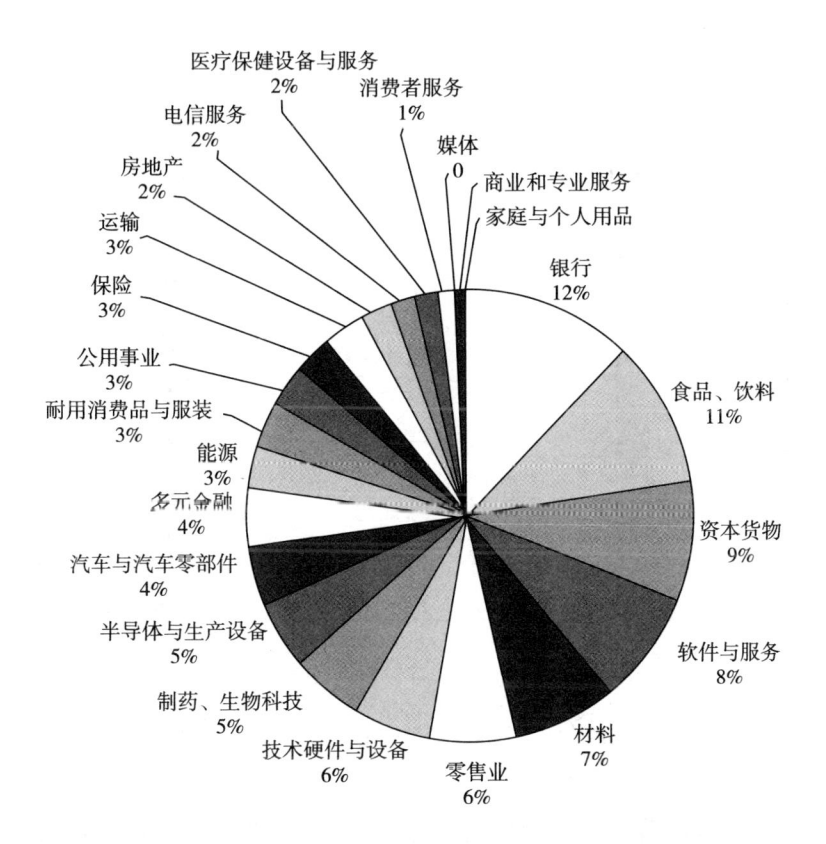

图 1　2021 年度中国上市企业市值 500 强企业行业市值占比

资料来源：Wind。

二　软件大企业头部效应依然突出，中腰部企业数量大增

2021年中国上市企业市值 Top10 分别是：腾讯控股、贵州茅台、阿里巴巴、工商银行、宁德时代、招商银行、美团、建设银行、农业银行、中国平安。3 家软件与服务企业跻身前十，仅次于金融业的 5 家，市值均突破万亿元。

从市值分布来看，2021年度，大市值区间段软件企业数较2020年度有所下滑，万亿元市值以上、5000亿~10000亿元软件企业各减少1家，3000亿~5000亿元的企业增加2家，500亿~1000亿元企业数量增幅明显，从10家增加到14家（见图2）。

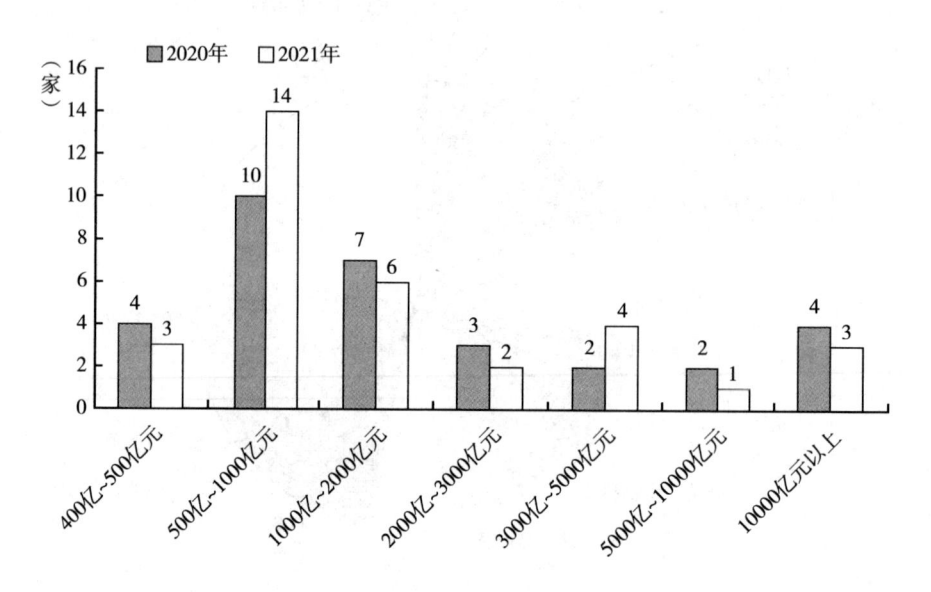

图2 2020~2021年度中国上市企业市值500强软件企业市值分布

资料来源：Wind，国家工业信息安全发展研究中心整理分析。

三 新晋500强企业中软件企业强势领跑，千亿量级新秀云集

2021年，共112家新面孔跻身500强，其中软件企业有9家。新上市软件企业快手、滴滴出行、商汤市值均超过1000亿元，软件与服务也成为新上榜企业市值占比最高、千亿级企业数量最多的行业（见表2）。

表2 2021年度新晋中国上市企业市值500强中市值超千亿元的企业名单

单位：亿元

排名	企业简称	市值	排名变化	是否属于软件与服务业
62	快手-W	2479	新上市	是
77	三峡能源	2146	新上市	—
115	滴滴出行	1606	新上市	是
122	商汤-W	1497	新上市	是
133	合盛硅业	1418	464↑	—
141	京东物流	1337	新上市	—
149	天山股份	1278	942↑	—
165	大全能源	1193	新上市	—
199	华利集团	1039	新上市	—
201	华润电力	1027	351↑	—

参考文献

《新锐抢眼，2021年度中国上市企业市值500强公布》，Wind资讯，https://mp.weixin.qq.com/s/bgkWWMpGBK_zIttdy5eRow。

附　录
Appendixes

B.21 中国软件产业政策汇编

郭昕竺　王英孺*

表1　"十三五"以来中国软件产业主要政策文件

年份	颁布机关	政策名称	主要内容
2016	工信部	《软件和信息技术服务业发展规划（2016—2020年）》	加快建设网络强国，推动软件和信息技术服务业由大变强
2016	国务院	《国家创新驱动发展战略纲要》	加大自主软硬件产品推广力度，提高基础软件等共性关键技术水平

---

* 郭昕竺，国家工业信息安全发展研究中心软件所助理工程师，产业政策研究部研究员，主要研究方向为软件产业经济与政策；王英孺，国家工业信息安全发展研究中心软件所初级助理工程师，主要从事软件产业政策、软件园区、软件人才等领域研究工作。

续表

年份	颁布机关	政策名称	主要内容
2016	国务院	《"十三五"国家战略性新兴产业发展规划》	大力发展基础软件和高端信息技术服务,面向重点行业需求建立安全可靠的基础软件产品体系,支持开源社区发展,加强云计算、物联网、工业互联网、智能硬件等领域操作系统研发和应用。加强信息技术核心软硬件系统服务能力建设,推动国内企业在系统集成各环节向高端发展,规范服务交付,保证服务质量,鼓励探索前沿技术驱动的服务新业态
2016	工信部	《信息产业发展指南》	在基础软件等战略性核心领域布局建设若干创新中心,提高软件名城建设水平等
2016	国家网信办	《国家网络空间安全战略》	重视软件安全,加快安全可信产品推广应用
2016	工信部、财政部	《智能制造发展规划(2016—2020年)》	加强核心支撑软件、智能制造支撑软件等关键共性技术创新
2016	国务院	《"十三五"国家科技创新规划》	大力发展新一代信息技术,研发一批关键领域行业的高性能计算应用软件,开展云开源社区建设
2018	工信部、国家发改委	《扩大和升级信息消费三年行动计划(2018—2020年)》	在医疗、养老、教育、文化等多领域推进"互联网+",发展线上线下协同互动消费新生态
2020	国务院	《新时期促进集成电路产业和软件产业高质量发展的若干政策》	进一步优化集成电路产业和软件产业发展环境,深化产业国际合作,提升产业创新能力和发展质量
2020	教育部办公厅、工信部办公厅	《特色化示范性软件学院建设指南(试行)》	在关键基础软件、大型工业软件、行业应用软件、新型平台软件、嵌入式软件等领域,培育建设一批特色化示范性软件学院,形成一批具有示范性的高质量软件人才培养新模式

续表

年份	颁布机关	政策名称	主要内容
2021	工信部	《"十四五"软件和信息技术服务业发展规划》	深入实施国家软件发展战略，强化国家软件重大工程引领作用，提升关键软件供给能力，加快繁荣开源生态，提高产业链供应链现代化水平
2021	工信部、国家发改委、财政部、国家税务总局	《国家鼓励的软件企业条件》	明确了国家鼓励的软件企业条件需同时符合的七项条件
2021	中共中央、国务院	《知识产权强国建设纲要（2021—2035年）》	完善开源知识产权和法律体系。研究完善算法、商业方法、人工智能产出物知识产权保护规则
2021	中国人民银行办公厅、中央网信办秘书局、工信部办公厅、银保监会办公厅、证监会办公厅	《关于规范金融业开源技术应用与发展的意见》	加强统筹协调，建立跨部门协作配合、信息共享机制，完善金融机构开源技术应用指导政策，探索建立开源技术公共服务平台，加强开源技术及应用标准化建设等
2022	国务院	《"十四五"数字经济发展规划》	增强关键技术创新能力，补齐关键技术短板，集中突破操作系统、工业软件、核心算法与框架等领域关键技术，加强通用处理器、云计算系统和软件关键技术一体化研发

资料来源：国家工业信息安全发展研究中心整理。

表2 "十三五"以来中国各省区市软件产业相关政策汇总

年份	省区市	政策名称	主要内容及出发点
2017	北京市	《北京市加快科技创新发展软件和信息服务业的指导意见》	进一步巩固并提升软件和信息服务业在全市经济发展中的支柱地位，基本形成与科技创新中心功能定位相适应的创新型产业发展格局
2017	北京市	《北京市加快科技创新发展新一代信息技术产业的指导意见》	推动基础软件产业创新中心建设，实现国内各操作系统基础技术路线的统一自主发展

续表

年份	省区市	政策名称	主要内容及出发点
2017	上海市	《关于本市进一步鼓励软件产业和集成电路产业发展的若干政策》	为进一步优化完善本市软件产业和集成电路产业发展环境,加快软件产业向高端发展,打造具有国际影响力的软件和集成电路产业集群和创新源,特制定若干政策
2020	上海市	《上海市首版次软件产品专项支持办法》	为鼓励软件行业健康发展,激发软件企业研发以及用户使用"首版次"软件产品的积极性,制定本办法
2021	上海市	《上海市促进工业软件高质量发展行动计划(2021—2023年)》	着力突破关键核心技术,全面提高工业软件的研发能力,实现产业提升的跨越式发展
2018	天津市	《天津市软件和信息技术服务业发展三年行动方案(2018—2020年)》	进一步加快软件与信息服务业的发展,优化营商环境,聚集优质资源,打造龙头企业,做大产业规模,推动互联网、大数据、人工智能和实体经济深度融合
2021	天津市	《天津市新一代信息技术产业发展"十四五"专项规划》	到2025年,在产业规模、龙头企业培育、创新生态建设、跨界融合等方面取得突破,产业增长潜力充分发挥,成为具有国际影响力的新一代信息技术产业高地
2016	重庆市	《重庆市软件服务业提升发展行动计划(2016—2020年)》	进一步加快互联网、云计算、大数据等软件和信息技术服务业发展,打造全国一流的互联网经济高地
2020	江苏省	《江苏省加快推进工业互联网创新发展三年行动计划(2021—2023年)》	到2023年,工业互联网网络、平台、安全、生态体系全面构建完善,新一代信息技术与制造业融合发展成效显著,推进企业两化融合发展水平保持全国领先
2021	江苏省	《江苏省"十四五"软件和信息技术服务业发展规划》	到2025年,全省软件自主创新能力得到较大提升,龙头企业引领带动作用进一步增强,产业布局更为科学,产业生态更加优化,软件和信息技术服务业高质量发展水平处于全国最前列

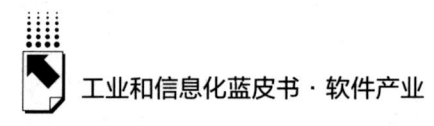

续表

年份	省区市	政策名称	主要内容及出发点
2020	浙江省	《2020年浙江省软件与集成电路产业工作要点》	推动软件与集成电路产业高质量发展,加强产业核心技术攻关和产业链协同创新,加快培育自主可控产业生态
2020	山东省	《山东省人民政府办公厅关于加快推动软件产业高质量发展的实施意见》	到2025年,全省软件行业整体环境更加优化,人才体系建设全面加强,软件价值合理彰显,融合渗透日益深入,形成一批具有全球竞争力的知名企业、品牌和代表性产品,初步建成全国领先、世界知名的软件产业基地
2021	四川省	《四川省软件与信息服务业三年行动计划》	到2023年,软件与信息服务业收入达8000亿元,年均增长13%以上,对经济转型发展的支撑作用不断增强。在信息安全、工业软件、数字文创、人工智能等领域形成领先全国的产业高地
2016	福建省	《福建省人民政府关于进一步加快推进软件和信息技术服务业发展的意见》	充分发挥本省软件和信息技术服务业优势,以基础软件、工业软件、新兴软件、信息安全、集成电路设计、工业互联网为重点,继续支持产业加快发展
2017	安徽省	《安徽省"十三五"软件和大数据产业发展规划》	"十三五"期间,软件和大数据产业保持快速增长态势,数据加工处理和信息技术服务业比例持续提升,核心竞争力不断增强,为安徽省经济调结构、转方式、促升级发挥积极的促进作用
2020	山西省	《山西省新时期促进集成电路产业和软件产业高质量发展若干政策》	为优化集成电路产业和软件产业发展环境,提升产业创新能力和发展质量,提出财税、投融资、研究开发、进出口、人才、知识产权、市场应用、对外合作等方面的政策措施

续表

年份	省区市	政策名称	主要内容及出发点
2021	湖南省	《湖南省软件产业振兴计划(2021—2025年)》	到"十四五"末,将湖南打造成为国内领先的软件创新引领区、产业聚集区和应用先导区。在产业规模、主体培育、创新能力、产业布局、融合应用等方面达到相应目标
2022	湖南省	《湖南省首版次软件产品认定管理办法》	为鼓励和引导企业积极创新研发以及使用"首版次"软件产品,制定本办法
2021	云南省	《云南省贯彻落实新时期促进集成电路产业和软件产业高质量发展若干政策的任务清单》	为进一步优化集成电路产业和软件产业发展环境,深化产业国际合作,提升产业创新能力和发展质量,特制定若干政策的任务清单
2019	甘肃省	《甘肃省重大技术装备首台套新材料首批次软件首版次保险补偿机制管理办法》	为鼓励和引导企业在重点产业领域积极开展重大技术装备首台套、新材料首批次、软件首版次研制,推动首台套(首批次、首版次)产品尽快进入市场,促进重点产业产品结构调整和转型升级,特制定本办法
2021	青海省	《青海省人民政府关于新时期促进集成电路产业和软件产业高质量发展的若干意见》	到2025年,培育年业务收入超2000万元的软件和信息服务业"小巨人"企业、"独角兽"企业20家以上,超5000万元的骨干企业10家以上,形成软件和大数据知名品牌;建成10家以上国家级和省级集成电路、软件工程(技术)研究中心(实验室)、重点实验室、企业技术(研发)中心,主导或参与制定一批国家关键标准
2020	广西壮族自治区	《广西加快推动工业互联网发展工作方案(2020—2022年)》	实施工业互联网创新发展战略,增强工业互联网产业供给能力,持续提升工业互联网发展水平,支撑工业高质量发展

资料来源：国家工业信息安全发展研究中心整理。

B.22
2021年中国软件产业大事记

郭昕竺　田莉娟　程薇宸*

一　2021年中国开源软件领域大事记

2021年，全球开源软件从技术创新步入商业模式创新的新阶段，开源商业化取得显著进步，HashiCorp、GitLab等基于开源项目的企业成功上市，市值均突破百亿美元。2021年也是我国开源软件取得实质性突破、开源生态加速繁荣的关键一年，"十四五"规划纲要、工业和信息化部《"十四五"软件和信息技术服务业发展规划》等顶层设计持续加码开源，涌现一批具备生态全面带动能力的大型开源项目，开源文化进一步走深落实，国内开源生态的国际影响力持续提升。

1. 政策治理领域

● 顶层政策：《"十四五"软件和信息技术服务业发展规划》为我国开源软件发展提供行动指南

11月30日，工业和信息化部印发《"十四五"软件和信息技术服务业发展规划》（以下简称《规划》），将"开源重塑软件发展新生态"作为"十四五"时期我国软件产业的四大发展形势之一进行

---

* 郭昕竺，国家工业信息安全发展研究中心软件所助理工程师，产业政策研究部研究员，主要研究方向为软件产业经济与政策；田莉娟，国家工业信息安全发展研究中心软件所初级助理工程师，主要从事软件生态、工业软件政策、软件产融合作等方面研究工作；程薇宸，国家工业信息安全发展研究中心软件所工程师，主要从事软件开源生态、软件供应链安全等领域研究工作。

重点阐述，并提出到 2025 年，建设 2~3 个有国际影响力的开源社区，培育超 10 个优质开源项目；《规划》将"繁荣国内开源生态"作为一项重要任务，设置"开源生态培育"任务专栏，从培育重点开源项目、建设优秀开源社区、提升开源治理能力等方面对繁荣国内开源生态进行重点部署。

- **治理规范：浙江省发布全国首个开源社区知识产权管理规则指引**

11 月 1 日，浙江省发布《开源社区知识产权管理规则指引（试行）》（以下简称《规则指引》）——成为国内首个开源社区知识产权管理规则。《规则指引》共十二条，从管理原则、管理平台、约束机制、协同研发、软件管理、专利管理、商标管理、风险管理等八个方面为开源社区知识产权管理提供了规范指引，提出开源社区要依法建立开源风险防控体系，加强开源项目托管网站管理，实施开源风险全流程管控，建立健全产业知识产权侵权监控机制和风险应对机制，并鼓励社区完善许可证管理制度，建立知识产权审核机制，规范参与者操作流程。

- **合规实践：国内首个开源 GPL 3.0 协议诉讼案件裁判文书公布**

6 月 30 日，广东省深圳市中级人民法院正式发布一起 GPL 版权纠纷案裁判文书，判定 GPL 3.0 协议是一种民事法律行为，具有合同性质，可认定为授权人与用户间订立的著作权协议，属于我国《合同法》调整的范围，一审判决两侵权被告公司赔偿原告公司经济损失及维权合理费用共计 50 万元，并停止侵权行为，成为国内首个明确 GPL 3.0 协议法律效力的案例，为开源软件许可协议在我国司法程序中的效力认定提供了重要参考，在我国开源 GPL 协议条款的解读和判决上具有里程碑意义。

2. 技术产品

● **华为将开放欧拉开源操作系统捐赠给开放原子开源基金会**

11月9日，在2021操作系统产业峰会期间，开放欧拉（openEuler）开源操作系统正式被捐赠给开放原子开源基金会。此次openEuler捐赠给开源基金会，从原来的"一家所有"变"开放共有"，通过产业共建和社区自治的方式，培育壮大自主开源生态，汇聚开发者群智创新力量，加速构建开放创新的下一代操作系统，筑牢数字经济生态底座，是在新的起点上实现更大范围、更加充分的开源的有益尝试。

● **阿里云发布并完全开源龙蜥操作系统（Anolis OS）**

10月20日，阿里云在2021云栖大会上发布全新操作系统龙蜥，并宣布将龙蜥操作系统完全开源。龙蜥操作系统定位服务器端市场，支持x86、ARM等硬件架构和计算场景，兼容CentOS生态，支持一键迁移，并提供全栈国密能力。阿里云将通过开源社区和操作系统厂商等提供服务，计划未来提供20亿元专项资金和长期技术支持，并联合100家生态合作伙伴推动龙蜥开源生态建设。

● **开放原子开源基金会正式发布OpenHarmony 2.0 Canary型**

6月1日，开放原子开源基金会在代码托管平台Gitee上正式发布OpenHarmony 2.0 Canary。与1.0版本不同，OpenHarmony 2.0版本覆盖设备范围延伸至百兆内存及以上的富媒体终端设备，遵循Apache 2.0等商业友好的开源协议，所有企业、机构与个人均可基于OpenHarmony开源代码，即"开源项目OpenHarmony是每个人的OpenHarmony"。作为我国软件产业第一个大规模的全领域完整分布式操作系统，OpenHarmony 2.0具备多项创新、领先、原创的设计和实现，不仅是我国大型开源产业生态建设的有益尝试，且将成为全球智能终端操作系统的重要新生力量。

- **矿山鸿蒙开源操作系统赋能煤炭行业智能化转型**

9月14日，国家能源集团携手华为发布矿鸿操作系统，成为鸿蒙开源操作系统在工业领域的首次商用落地。矿鸿操作系统基于华为云及矿鸿操作系统生态，采用独特的"软总线"技术，通过统一的接口和协议标准，解决了不同厂家设备的协同与互通的问题，在煤矿领域首次实现了统一的设备层操作系统，助力煤矿领域的万物互联和自主可控，为煤矿数字化和智能化发展提供了一条快行线。

3. 文化宣传

- **全球开源技术峰会 GOTC 2021 成功举办**

7月9日，开放原子开源基金会与 Linux 基金会亚太区联合开源中国举办的"全球开源技术峰会 GOTC 2021"在上海召开，包括上海、深圳两大会场。本次峰会携头部开源公司和顶级开源项目，覆盖人工智能、物联网等多个技术领域，致力于推动开源生态的建设发展，共吸引超 3000 人到现场参会，线上直播观看量达 544.6 万人次，其中海外观众超 3.3 万人。同时，中国开源原生商业社区在峰会深圳站"开源原生商业"专题论坛上正式宣告成立。

- **第四届数字中国建设峰会软件开源生态分论坛成功举办**

4月25日，由工业和信息化部、国家互联网信息办公室主办，国家工业信息安全发展研究中心和福州市人民政府共同承办的"第四届数字中国建设峰会软件开源生态分论坛"在福州成功举办，该论坛是国内首次行业主管部门以开源软件为主题主办的大型高端盛会，集聚政产学研用创投各方专家代表，分享我国开源生态建设成果，共商开源生态发展路径，取得良好成效。论坛上，国家工信安全中心、中科院软件所、北航、北大、开源中国、360 集团等共建单位共同启动了"开源软件供应链安全实验室"；开放原子开源基金会、国家工信安全中心和北大、清华、北航、浙大、西工大、电子科大、西安交大等重点高校共同启动了"软件开源生态高校行"活动。

- **促进北京开源产业发展座谈会在国家工业信息安全发展研究中心成功举办**

12月5日，工业和信息化部信息技术发展司、北京市经济和信息化局组织的"促进北京开源产业发展座谈会"在国家工信安全中心召开。工业和信息化部信息技术发展司司长谢少锋出席会议并致辞，中国科学院院士王怀民线上参会并作题为"中国软件开源创新之路"的主旨报告，北京市经信局党组书记、局长杨秀玲主持会议并总结讲话，北京市各区与会领导介绍了区内开源产业发展的基础和优势，表示希望和开源业界加强沟通合作，共同推动北京开源产业发展，打造开源生态培育建设的"北京样板"。

4. 投融资

- **开源原生数据库厂商 PingCAP 完成估值 30 亿美元融资**

7月20日，国内开源原生数据库企业平凯星辰（PingCAP）完成E轮融资，融资金额高达数亿美元，本轮融资由红杉中国领投，新加坡政府投资公司（GIC）以及五源资本、GGV纪源资本、贝塔斯曼亚洲基金（BAI）等部分老股东跟投。PingCAP是一家成立于2015年的企业级开源分布式数据库厂商，其研发的分布式关系型数据库TiDB项目具备强一致性事务、在线弹性水平扩展、故障自恢复的高可用、跨数据中心多活等核心特性，是NewSQL时代的第一个开源项目。

- **云原生开源数据平台 StreamNative 获 2300 万美元融资**

10月12日，国产云原生批流融合数据平台原流数据（StreamNative）宣布获得2300万美元A轮融资。本轮融资由沙特阿美旗下多元化风投基金Prosperity7 Ventures与华泰证券旗下华泰创新联合领投，老股东红杉中国、源码资本继续加码。StreamNative创立于2019年，其云原生批流融合数据平台StreamNative Cloud基于Apache Pulsar消息流系统项目，支持混合公有云部署，可覆盖AWS、Microsoft Azure、Google云、阿里云等全球范围的主流云计算平台，其丰富的数据处理和计算能力及云原生的属性，可以帮助用户更加专注核心业务应用、微服务开发，无须投入人力及IT资源维护本地复杂系统。

- 美国云计算公司HashiCorp在纳斯达克上市，市值突破百亿美元

12月9日，美国的世界级云开源软件公司HashiCorp在纳斯达克挂牌上市，股票代码"HCP"，市值达152亿美元，成为全球市值最高的开源公司。HashiCorp公司创立于2013年，主要提供应用程序开发、交付和维护等企业服务，与阿里云、AWS、Google云、Microsoft Azure等大型云基础设施提供商均建立了合作关系，其提供的DevOps基础设施自动化工具集开发、运营和安全性于一体，主要包括Vagrant、Packer、Terraform、Serf、Consul、Vault和Nomad等，可以帮助开发者编写和部署应用程序，加速应用程序分发，提升软件开发效率。数据显示，2021财年，HashiCorp实现营收2.12亿美元，同比显著增长73.77%。

- 大型国际开源代码托管平台GitLab成功上市

10月24日，全球大型国际开源代码托管平台GitLab完成IPO，正式在纳斯达克上市，股票代码"GTLB"，发行价格77美元，发行1040万股，总募资8亿美元。GitLab创始于2011年，主要提供一站式完备DevOps平台，支持用户处理、规划、验证、打包、发布和监控代码，曾获得谷歌投资、高盛等知名机构的投资。GitLab目前拥有员工约300名，开源贡献者2000多名，企业营收主要来源于付费版产品。3月，GitLab与红杉宽带跨境数字产业基金、高成资本合作成立极狐公司并落地武汉，极狐公司自主研发并独立运营GitLab CN开

源代码库（代号：JH），推出的 GitLab 中国发行版"GitLab JH"持有独立知识产权，实现完全独立运营。

二 2021年中国工业软件领域大事记

2021年，我国工业软件迎来发展机遇期。国家高度重视，工业软件首次入选科技部国家重点研发计划首批重点专项，《"十四五"软件和信息技术服务业发展规划》将工业软件列为要重点突破的任务之一；工业软件技术产品不断取得新进展，在云化CAD、船舶CAE等领域都实现了国产化突破；通过举办大会、论坛等不同形式的示范推广活动，工业软件逐渐为产业发展注入新动能；2021年也是中国工业软件上市元年，中望软件成功上市，概伦电子、华大九天等也相继首发上会。

1. 顶层设计

● **重要讲话**：习近平总书记在两院院士大会上强调全力攻坚工业软件

5月28日，中国科学院第二十次院士大会、中国工程院第十五次院士大会和中国科学技术协会第十次全国代表大会在人民大会堂隆重召开，习近平总书记出席大会并发表重要讲话。他强调，要加强原创性、引领性科技攻关，坚决打赢关键核心技术攻坚战。科技攻关要坚持问题导向，奔着最紧急、最紧迫的问题，要从国家急迫需要和长远需求出发，在高端芯片、工业软件等方面关键核心技术上全力攻坚。

● **顶层制度**：《"十四五"软件和信息技术服务业发展规划》引领工业软件发展新格局

11月30日，工业和信息化部印发《"十四五"软件和信息技术服务业发展规划》，对工业软件发展做出了具体任务部署，提出重点突破工业软件。研发推广计算机辅助设计、仿真、计算等工具软件，大力发展关键工业控制软件，加快高附加值的运营维护和经营管理软件产业化部署。面向数控机床、集成电路、航空航天装备、船舶等重大技术装备以及新能源和智能网联汽车等重点领域需求，发展行业专用工业软件，加强集成验证，形成体系化服务能力。

- **战略部署：工业软件首次入选科技部国家重点研发计划首批重点专项**

2月1日，科技部发布《关于对"十四五"国家重点研发计划"氢能技术"等18个重点专项2021年度项目申报指南征求意见的通知》，工业软件首次入选国家重点研发计划重点专项。专项目标是：针对我国工业软件受制于人的重大问题以及制造强国建设的重大需求，系统布局产品生命周期核心软件、智能工厂技术与系统、产业协同技术与平台，贯通基础前沿、共性关键、平台系统及生态示范等环节。到2025年，引领现代制造业发展的新模式、新平台、新体系和新业态逐步形成，核心工业软件基本实现自主可控，基于工业互联网的工业软件平台及数字生态逐步形成，工业软件自主发展能力显著增强，推动制造业产业生态创新以及技术体系、生产模式、产业形态和价值链的重塑。

- **示范带动：上海市发布全国首个地方级工业软件专项行动计划**

9月10日，上海市五部门联合印发《上海市促进工业软件高质量发展行动计划（2021—2023年）》，从提高工业软件供给能力、大力推进工业软件融合新技术、推进工业软件国产化应用、营造工业软件产业生态发展环境四个方面布局了17项主要任务。未来三年，将着力突破关键核心技术，全面提高工业软件的研发能力，实现产业提升的跨越式发展，预期到2023年，上海市工业软件自主创新能力显著增强、工业软件产品和服务体系更加健全、产业创新生态持续完善，基本建设成为国内领先的工业软件创新高地。

2. 技术产品

- **华天软件发布国内首款云 CAD**

9月8日，山东山大华天软件有限公司正式推出国内首款基于云架构的三维 CAD 平台 CrownCAD，具体包含 CrownCAD、CrownCAD APP、三维几何建模引擎 DGM 和几何约束求解器 DCS 四大产品。该款云 CAD 是构建在完全自主研发的核心技术之上，适配国产芯片和国产操作系统，支持公、私有云部署，同时可以实现基于云架构的多终端协同设计功能。

- **"系列船舶工业 CAE 软件"成功发布**

10月11日，由中国船舶科学研究中心、深海技术科学太湖实验室联合举办的"系列船舶工业 CAE 软件"发布会顺利举行，具有完全自主知识产权的两个通用软件——三维水弹性力学分析软件（ICS-THAFTS）、海洋结构分析通用软件（ICS-SAM），三个专用软件——船舶流体力学 CFD 软件（ICS-NaViiX）、船舶第二代完整稳性衡准评估软件（ICS-HydroSTAB）、螺旋桨先进设计系统（ICS-PRADS）在会上成功发布，为国产软件发展注入了新的动力。

- **芯华章发布多款数字验证 EDA 产品**

11月24日，EDA（集成电路设计工具）智能软件和系统领先企业芯华章正式发布四款拥有自主知识产权的数字验证 EDA 产品，以及统一底层框架的智 V 验证平台，在实现多工具协同、降低 EDA 使用门槛的同时，提高芯片整体验证效率。未来的数字化系统，将是系统+芯片+算法+软件深度融合集成的。芯华章在这一变局下，以面向未来发展、面向数字化系统的智能化设计流程为目标，融合人工智能、云原生等技术，对 EDA 软硬件底层框架进行自主创新。

3. 示范推广

- **国家工业信息安全发展研究中心江苏分中心落地**

10月15日，第二届两化融合暨数字化转型大会在苏州国际博览中心召开，国家工业信息安全发展研究中心江苏分中心正式落地苏州人工智能产业园。分中心将围绕园区人工智能试验区和国家级工业软件协同攻关平台建设等发展诉求，充分发挥人才、技术、产业和资源优势，支撑园区品牌化工业软件园区创建工作，重点在工业软件、大数据、信息技术应用创新等领域开展全方位合作，共同推进关键技术产业化应用，带动新经济新模式发展。

- **2021 中国工业软件大会成功召开**

6月7日，以"壮大工业软件 深化数字转型"为主题的"2021中国工业软件大会"在重庆市召开，大会由中国国际智能产业博览会组委会、工业和信息化部、重庆市人民政府共同主办。作为我国首届工业软件大会，大会瞄准国家大发展战略，汇聚工业软件领域众多权威人士，以推动工业软件创新发展，促进企业数字化转型为目标，畅谈新观点、交流新模式、形成新思路，助力数字经济高质量发展。

- **工业软件创新发展高峰论坛顺利召开**

9月7日，2021中国国际数字经济博览会"工业软件创新发展高峰论坛"在石家庄（正定）国际会展中心举办。本次论坛以"发展工业软件，赋能数字转型"为主题，中国工程院院士谭建荣等多位业内专家学者受邀围绕工业软件未来发展新趋势、新策略做主题演讲。与会嘉宾共同探讨工业软件创新发展之路，为河北省制造业数字化转型提供智力支撑，也为我国产业发展及融合应用提供了新模式、新思路。

4. 投融资

- **中望软件登陆科创板，成为 A 股首家研发设计类工业软件上市企业**

3月11日，广州中望龙腾软件股份有限公司在上交所科创板挂牌上市。上市首日，发行价为150.50元/股的中望软件股价走势抢眼，截至当日收盘，报收409元/股，涨幅171.76%，市值突破了

250亿元。中望软件是一家总部位于广州的工业软件供应商，成立于1998年，公司主营CAD/CAM/CAE等研发设计类工业软件的研发、推广与销售业务。本次公开发行，中望软件募资2.33亿元，拟投资"二维CAD及三维CAD平台研发项目""通用CAE前后处理平台研发项目""新一代三维CAD图形平台研发建设项目"等。

- 华大九天首发上会获批，EDA（电子设计自动化）行业正迎来上市春天

9月2日，创业板上市委员会2021年第54次审议会议公告，北京华大九天科技股份有限公司首发获通过。中信证券为其保荐机构，拟募资25.5109亿元。华大九天主要产品包括模拟电路设计全流程EDA工具系统、数字电路设计EDA工具、平板显示电路设计全流程EDA工具系统和晶圆制造EDA工具等EDA软件产品，并围绕相关领域提供包含晶圆制造工程服务在内的各类技术开发服务。

- 新思科技收购AI驱动的实时性能优化领导企业Concertio

11月5日，全球EDA行业巨头Synopsys（新思科技）收购AI驱动性能优化软件供应商Concertio。此次收购是对Synopsys SiliconMAX硅生命周期管理（SLM）平台的进一步增强。Synopsys将通过结合Concertio的技术实现边缘AI与云中大数据分析的无缝集成，并提供全面的系统优化解决方案。新思科技表示，芯片生命周期管理对于先进电子系统的成功部署和运行越来越重要。此次收购Concertio充分彰显新思科技将持续致力于扩展SiliconMAX SLM平台的功能和价值，以满足用户对于芯片和系统运行状况增长的不断需求。

B.23
洞悉产业发展热点问题

——2022年全国两会提案精选

郭昕竺 王英孺*

摘　要： 2022年3月，全国人大十三届五次会议和全国政协十三届五次会议在京召开，会议期间分别收到来自全国人大代表的议案487件、全国政协代表提案5979件，数字经济、新一代信息技术、元宇宙等新兴产业成为代表们共同关注的热点领域。本报告通过梳理全国两会提案中与软件和新一代信息技术相关的发展建议，明确工业软件、软件安全、区块链、元宇宙、数据要素、开源软件等重点领域产业动态和存在的突出问题，以更好地把握产业发展方向。

关键词： 2022年全国两会　软件产业　新一代信息技术

"十四五"时期是我国开启全面建设社会主义现代化国家新征程的第一个五年，软件和新一代信息技术迎来新的发展机遇。2022年全国两会上，代表、委员们积极建言献策，描绘软件和新一代信息技术发展"新蓝图"。

---

* 郭昕竺，国家工业信息安全发展研究中心软件所工程师，产业政策研究部研究员，主要研究方向为软件产业经济与政策；王英孺，国家工业信息安全发展研究中心软件所初级工程师，主要从事软件产业政策、软件园区、软件人才等领域研究工作。

一 工业软件

1. 一是将汽车工业软件纳入关键核心软件攻关工程，聚焦核心、单点突破，着力突破"卡脖子"技术瓶颈；二是加强国产工业软件标准化各项工作，积极构建开放协同的国产工业软件标准体系，积极有效参与相关国际标准规则的制定修订；三是以汽车产业作为国产软件应用的突破口，实施应用牵引、场景驱动，集中资源相互赋能、相互协同。

——全国人大代表、广汽集团董事长曾庆洪

2. 为尽早实现工业软件的自主可控，推动我国流程制造业加快高质量发展，建议工信部加快推动"流程模拟类"工业软件产业链和生态圈建设，以开源软件和开源数据库为技术基础，加快孵化多学科交叉的大型公共物性数据库及流程模拟软件。

——全国人大代表、中国化学工程集团党委副书记刘德辉

二 软件安全

建议相关部门设立专项，研究推动软硬件研发场景安全防护工作，出台支持软件研发企业全面启动代码安全工程的专项政策和引导措施；增加软硬件产品验收、入网等环节的安全检查；强化供应链安全事件的响应、处置、恢复以及事件上报等环节的规范要求。

——全国政协委员、安天董事长肖新光

三　区块链

推动5G、云计算、大数据、区块链、人工智能、边缘计算、安全等多要素融合的新型信息技术与政务基础设施建设相融合；重点针对5G、量子通信、区块链与政务网络、政府算力服务、政府企业间数据流转等场景相融合的需要，修订建立电子政务网络的国家、行业和地方标准，强化标准供给；鼓励人工智能、区块链技术在政务网络和数据安全管理方面应用。

——全国人大代表、中国移动副总经理赵大春

四　元宇宙

1. 当前元宇宙作为虚拟世界与现实社会交互的重要平台，正成为驱动全球数字经济发展、数字技术创新的重要赛道。但我国在关键技术方面仍属于追赶者，部分领域存在"卡脖子"问题。建议加快关键技术攻关，聚焦新一代通信、智能交互、算力芯片、数字工具、新型传感器技术等关键核心技术，鼓励企业、科研单位积极参与相关国家标准以及国际标准的制定，掌握科技发展话语权，形成元宇宙"以虚强实"的发展导向，打造赋能千行百业的产业创新体系，构筑具有中国特色、顺应全球趋势的数字空间治理规则，促进元宇宙相关产业健康发展。

——全国政协委员、上海市经信委副主任张英

2. "元宇宙"数字经济体是前沿未知领域，目前还没有标准成熟的案例可循。建议尽快组织论证、统筹规划，出台"元宇宙中国"

的顶层设计方案，明确牵头和监管部门，整体立项、分期分层推进"元宇宙中国"、"元宇宙城市"及其他增强现实、虚拟现实等项目建设。

——全国政协委员、佳都科技集团董事长刘伟

五 数据要素

建议通过加快数据要素市场培育，进一步释放数据要素潜力，推动我国经济转型升级和高质量发展，抢占全球数字经济发展制高点。具体包括推进数据要素市场统筹规划，健全数据生产要素发展和交易基础，确立数据分类分级管理制度，提升数据质量，全力开发数据生产要素应用场景，构建数据要素开放共享格局，健全数据要素安全保障机制等。

——全国人大代表、上海移动总经理陈力

六 开源软件

1. 开源软件安全对我国关键信息基础设施安全至关重要，建议加强对开源软件的代码审查，构建开源软件生态的安全风险评估机制；积极参与国际开源社区，提高话语权，建立影响力；鼓励第三方市场力量参与国内开源生态建设，推进开源自主，尽快掌控开源软件资源应用的主动权。

——全国政协委员、360集团创始人周鸿祎

2. 开放开源可以助力我国在工业互联网关键技术上"弯道超

车",加快形成我国工业互联网发展新优势,建议打造以15家双跨平台为核心成员的中国工业互联网顶级开源社区;定向培育CAX、PLC等优质工业互联网开源项目;将开源技术和开源实训融入教育体系,推动开源人才培养。

——全国人大代表、海尔集团董事局主席周云杰

Abstract

As the soul of the new generation of information technology, software is the prominent foundation for the sustainable development of digital economy, and "Software-defined" which regarded as the unreplaceable support for the construction of digital China can accelerate the process of both digital industrialization and industrial digitization continuously, in the way of leading innovation, promoting transformation, and cultivating momentum. During the "14th Five-Year Plan" period, a new round of global scientific and technological revolution and industrial transformation has been further advanced, the economy has strode into a new stage of high-quality development, and the software industry has ushered in new development opportunities.

This report comprehensively analyze the development of global software industry policies, technological innovation, integrated applications, investment and financing, etc. in 2021, and special discussions such as the listing of industrial software on the Science and Technology Innovation Board, the construction of open source ecology, the risk of supply chain interruption of open source software, software parks and software industry agglomeration are analyzed in thematic column. key industrial development issues such as development, insurance compensation mechanism for the first edition of software, and the situation of listed companies in the software and service industry. Studies indicate, in 2021, under the severe and complex domestic and international situation, China's software industry runs well in general with entering a critical period of

Abstract

quantity and quality, software definition, and open source software prosperity, which shows the resilience and potential of the development of software industry. The macro policy design and local supporting policy system both are more complete, with the basic software, industrial software, first-version software applications and software talent becoming hot areas of local policy layout. In terms of basic software, outstanding domestic companies of operating system accelerate their technological research and ecological cultivation, making new breakthroughs in area of mobile, server and embedded. In terms of databases, new development patterns and business formats around open source are accelerating, while the technology innovation is lead by cloudification and distributed technology, non-relational database develope rapidly. In terms of industrial software, domestic industry enters into a period of goleden development opportunities with the technology research, integrated application, investment and financing in CAE, EDA, PLC are unprecedentedly prosperous, and the ecological construction achieve practical results. In terms of emerging platform software, emerging technologies such as blockchain and extended-reality are gradually implemented in multi-scenario industry applications. In terms of open source software, the local ecological industry construction with complete elements and mutual support take off steadily, with the native enterprises making outstanding progress, the commercialization models become more diverse, and the investment and financing market is more active. On the basis of analyzing the development trend, problems and challenges of software industry in all aspects, targeted suggestions from the aspects of improving the industrial basic guarantee level, accelerating the expansion of the application ecology of the domestic market, cultivating and developing an independent open source ecology vigorously, and optimizing the development environment of the software industry continuously are further proposed.

Keywords: Software Industry; Basic Software; Industrial Software; Open Source Software; New Platform Software

Contents

I General Report

B.1 2021 Software Industry Development Report

Cheng Yu, Guo Xinzhu / 001

Abstract: As the soul of the new generation of information technology, software is the prominent foundation for the sustainable development of digital economy, regarding as the key support for the construction of manufacturing power and network power. In 2021, the macro design of China's software industry is more sophisticated, the market environment continues to ameliorate, and the software industry enters a critical period which characterizes by increasing quantity and quality, strengthening fundamentals, software definition, and flourishing open source software are proved in this report. And under the complex situation of both domestic and international, the resilience and potential of software industrial development are further revealed.

Keywords: Software Industry; Industry Chain; Digital Economy

Contents

Ⅱ Policy Reports

B.2 The Top-level Design of the Software Industry Continues
to Increase *Guo Xinzhu, Zhao Yangguang* / 012

Abstract: The Central Committee and the State Council of China both attach great importance to the development of software industry, by continuing to strengthen the layout of software industry policy system, which promotes the development of the software industry to a new level. In 2021, China's software industry policy environment continues to improve, Initiatives such as promoting the development of the software industry is included into the national "14th Five-Year Plan" medium and long-term development plan, the five-year development plan for the software industry which indicate the direction and path for software industrial development during the "14th Five-Year Plan" period is officially released, at the same time, the national software policy which benefits enterprises is implemented for the first time, the Chinese characteristics open source software ecological policy system is improved, the national specialization software talent training mechanism makes new progress, the support system for "new specialized, refined" small-medium sized enterprises is more completed, and local governments successively formulate several supporting policies and so on.

Keywords: Software Industry; Industrial Policy; Software Talent

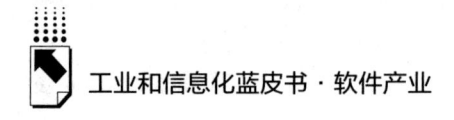

B.3 Local Software Policies Continue to be Released

Zhang Hongni / 018

Abstract: As the soul of the new generation of information technology and the foundation of the development of digital economy, China's software industry is ushering in new development opportunities. All localities have issued software related policies to accelerate the ecological cultivation of the software industry. Specifically, basic software strives to improve the industrial chain, the importance of industrial software gradually increases, open source software opens a new era of development, the first edition of software policy focuses on force, and software talents become the key to innovation and development.

Keywords: Software Industry; Industrial Policy; Open Source Software; Software Talents

III Technology Reports

B.4 Opportunities and Challenges for Operating System Development in 2021

Li Dandan, Zhang Hongni, Wen Shuyun,
Feng Luming and Wang Yingru / 027

Abstract: As an important base of basic software, operating system is the core and cornerstone of computer system. With the continuous support of top-level policies, the overall development trend of server operating system, mobile operating system and intelligent networked vehicle operating system is better, and a camp with Kirin software, unified information software, Huawei and other enterprises as the core has been basically formed. However, at the level of technological innovation, it is still facing the stubborn dilemma that the bottom core is dominated by foreign countries.

Keywords: Operating System; Basic Software; Open Source

B.5 Domestic and Foreign Industrial Software Policies Continue to Increase *Meng Yan, Tian Lijuan and Mi Mingwei / 044*

Abstract: Industrial software is the "soul" of the digital transformation of modern industries, and has become a key force in promoting the transformation and upgrade of the manufacturing industry as well as realizing the transition from old to new economic engines. In recent years, favorable policies have been introduced at home and abroad to further improve the environment of industrial software in terms of investment, market governance, finance and taxation, and talents. Although there is still a gap between the overall level of industrial software at home and abroad, under the high attention of national and local policies, the development of industrial software industry in China will be promoted in a coordinated manner, ushering a bright future ahead.

Keywords: Industrial Software; Industrial Policy; Digital Governance; Antitrust

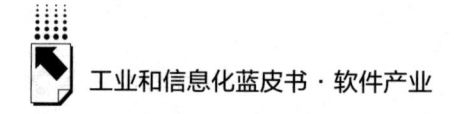

B.6 Active Development of Industrial Software Technology

   Innovation   *Meng Yan, Deng Changyi* / 050

Abstract: From 2021, technological innovation of industrial software products has been quite active, and the main trend is the integration of emerging technologies and architectures, including artificial intelligence, cloud computing, digital twins, extended reality, etc. Despite that the competition is fierce, foreign industrial software enterprises are scrambling to carry out transformation and co-opetition aiming for innovation. While domestic industrial software enterprises are closely following cutting-edge trends, they have also stepped up R&D in key traditional industrial software fields. A number of new products have launched in CAE, EDA, industrial control software, etc. If the core technologies are mastered, it may be difficult to "change lanes and overtake". Thus for domestic industrial software, following the trends of cutting-edge technologies and at the same time concentrating on the underlying key and core technologies, is the essential way to break the situation.

Keywords: Industrial Software Technology; Technology Integration; Joint Innovation

B.7 Industrial Software Ecological Construction is Fully Promoted

Meng Yan, Ji Qingqing / 056

Abstract: At present, the global industrial software industry market presents an oligopoly phenomenon, which has nurtured huge ecosystems. The upstream and downstream of foreign industrial software are closely integrated. Domestic industrial software is also actively seeking integration and adaptation between products of industry chains. At the same time, foreign industrial software manufacturers attach great importance to education investment, while a series of industry-education integration is also carried out in China. Collaboration and cooperation have been carried out extensively, the construction of industrial software ecology has been comprehensively promoted, boosting the industry to a higher level. Currently, industrial software companies in China are generally in a "small, scattered and weak" situation, learning from foreign experience, it is better to open up and gather sectors together for building an ecosystem, in order to boost the industrial software to a higher level.

Keywords: Industrial Software Ecology; Integrated Application; Industry-Education Cooperation

B.8 Domestic Database Developed Powerfully

Zhang Lei, Wen Shuyun and Su Qian / 062

Abstract: The change of database computing mode and application requirements play a vital role in the form of database system, and also promote the iterative update of database architecture. In recent years, a new round of scientific and technological revolution has developed rapidly. Innovative database products have emerged rapidly all over the world. The market pattern has changed dramatically. Database industry of China has entered a period of major development opportunities. In 2021, database product and technology emerged, and the industrial ecology grew gradually. Database industry has entered the chaotic state in the innovation cycle again, showing the characteristics of relational and non-relational development and technological diversification.

Keywords: Database Industry; Industrial Ecology; Industrial Conditions

B.9 The Development Status and Trend of China's Blockchain Industry in 2021   *Yang Mengqi, Zhong Fahui* / 079

Abstract: After years of development, the application of blockchain has gradually come out of inflated expection. In 2021, the top-level planning path of Chinese blockchain industry became clear. At the same time, crypto currency was classified as illegal, with gradually withdrawn "mining" activities. In terms of technology, 2021 witnessed sporadic breakthroughs in areas such as consensus algorithm, and considerable achievements in technology convergence represented by "blockchain and privacy computing". In terms of standardization, the multiple backbones of the domestic blockchain standard system have been established, and national standards and group standards has developed rapidly; China's influence on international standardization activities has been further enhanced. The application of blockchain technology in mature sectors represented by government services and judicature undergo more in-depth development. Meanwhile, some application scenarios in traditional areas such as energy and power stand out, and scenarios such as digital collections are emerging. As for the blockchain industry, China has the leading number of patents. The number of blockchain enterprises increased, and the open source ecosystem expands; however, the quantity and quality of blockchain talents in China remain a problem.

Keywords: Blockchain; Key Technology; Technology Application

B.10 Extended Reality Develops the "Blue Ocean" of

the Industry　　　　　　　　*Zhang Han*, *Zhong Fahui* / 101

Abstract: In 2021, as a potential stock of emerging technologies, Expanded Reality is located in the spotlight of the panorama of future industries. In terms of technology, optical technology continues to be optimized, and various optical solutions coexist and evolve, but it is urgent to find an "optimal solution" to balance multi-dimensional demands such as price, visual effects, quality and size. In terms of industrial applications, various application scenarios provide a broad "practice field". Industrial ecology is not yet taken mature, high vitality as well as low barriers provide a broad prospect to expand the VR industry. However, the industrial chains of virtual reality (VR), augmented reality (AR) and mixed reality (MR) are in different stages of maturity. So, it is still necessary to implement precise policies and develop personalized paths.

Keywords: Extended Reality; Virtual Reality; Augmented Reality; Mixed Reality

B.11 International Open Source is Increasingly Becoming the

"Core Engine" of Industrial Innovation

Wang Simeng, *Lu Ping* / 118

Abstract: From a global perspective, in 2021, open source shows a trend of rapid development, which has increasingly become a consensus across national boundaries and languages. Countries have formulated policies and regulations to promote the development of open source, relying on open source to establish extensive technology integration and form an open development model. The open source ecology has been gradually improved, and the open source has become a new opportunities in the capital market. On the one hand, the vigorous development of open source promotes technological innovation. On the other hand, considering the complex relationship of international competition, the open source software security, as an important link of software supply chain security, is facing challenges such as software supply interruption, security vulne-rabilities, intellectual property rights and so on. Based on the policy basis, technological basis and ecological basis accumulated at this stage, the open source will form an open, equal, cooperative and shared development model, accelerate the iterative upgrading of software, promote the collaborative innovation of industry and application, promote the improvement of ecology, and become the leading model of software technological innovation.

Keywords: Open Source Software; Technological Innovation; Industrial Ecology

B.12 China's Open Source Ecosystem Continues to Prosper and Grow   *Zhou Ruikun, Chen Rong* / 140

Abstract: In 2021, as the national policy in succession, the Chinese government puts emphasis on the ecological construction of open-source, which further provides opportunities for open source software. At the same time, the commercialization of open source is to speed up the pace, more than 10 local open source enterprises have obtained financing from international venture capital and private capital's high attention. At present, as China accelerates the strategic layout of digital transformation, open source applications have been implemented in many fields such as finance, medical care and telecommunications, which means that the open source industry is becoming vigorous vitality. The highly educated young group has gradually become the backbone of open source developers in China. Nevertheless, in the development of open source ecology in China from a macro perspective, open source software still has problems such as supply interruption, security and compliance. Open source as the core of "new infrastructure", suggesting that the Chinese government should intensify the research on open source software security governance measures.

Keywords: Open Source Software Ecosystem; Open Source Application; Open Source Governance

Ⅳ Investment and Financing Reports

B.13 China's Industrial Software Field Ushered in Investment
Opportunities   *Tian Lijuan, Ji Qingqing* / 157

Abstract: In 2021, China's industrial software industry is favored by capital. First successful IPO cases has occurred in CAD and EDA fields. On the whole, the industry has many financing cases with high financing amount, and many enterprises have completed multiple rounds of financing. In addition to the old industrial software enterprises, the newly established enterprises have also received the focus of capital. Many top investment institutions set out to invest in the field of industrial software, which has brought new opportunities and new impetus to the industry.

Keywords: Industrial Software; Merger and Acquisition; Financing

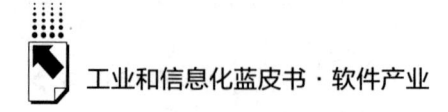

B.14 China's Open Source Commercialization Has Achieved
Positive Results　　　　　　　　　*Wang Simeng*, *Lu Ping* / 162

Abstract: The commercialization of open source is essentially "delayed satisfaction". In the initial stage, some profit margins are sacrificed in exchange for some user groups, and then diversified realization channels are explored, so as to achieve higher market concentration and faster growth rate. In 2021, the global start-ups based on open source projects were unprecedentedly active. The open source enterprises ushered in an IPO boom. It was common for them to obtain financing or listing, and the financing amount and valuation / market value continued to refresh the upper limit. China's open source has been highly concerned by international venture capital and private capital, and has become the hottest investment track at present. The activity of business activities can feed the development and growth of open source projects, further stimulate the prosperity of open source communities, and promote the development of open source software at a faster speed and higher quality.

Keywords: Open Source Software; Listing Financing; Open Source Commercialization

V Special Reports

B.15 Analysis and Suggestions on the Listing of Industrial
Software Enterprises on the Science and Technology
Innovation Board　　　　　　　　　*Li Dandan* / 172

Abstract: In recent years, industrial software companies have great potential for development and have become one of the key areas worthy of attention on the Science and Technology Innovation Board. By analyzing the relevant data of listed companies on the Science and Technology Innovation Board, it is concluded that the average market value and average price-earnings ratio of industrial software far exceed the average level of software companies. According to the latest policies, this paper puts forward suggestions for further promoting the listing of industrial software companies on the Science and Technology Innovation Board, such as expanding market financing, optimizing the guidance mechanism, refining evaluation indicators, and focusing on enterprise cultivation.

Keywords: Industrial Software; Science and Technology Innovation Board; Listing Enterprise

B.16 Talking about Open Source Ecological Construction from the "Open Source Rainforest" Project *Zhao Rao* / 178

Abstract: On September 23, 2021, Huawei announced the launch of the "Open Source Rainforest" program to help build an open source ecosystem in China. Open source has become one of the best organizational methods for super-large-scale intellectual collaboration so far, and it has also become the "main battlefield" of technological innovation. It has ushered in great development around the world. The country urgently needs to start with the core elements of the open source ecosystem, such as open source projects, developers and communities, open source foundations and organizations, and comprehensively implement open source cultural popularization, open source project incubation, open source community operations, and the promotion of open source organizations' right to speak. . A sound industrial ecology that is complete and mutually supportive fully empowers technological innovation.

Keywords: Open Source Software; Open Source Elements; Open Source Ecology

B.17 The Root Cause and Crux of the Risks of Open Source Software Supply Interruption

Guo Xinzhu, Cheng Yu / 183

Abstract: The Russian-Ukrainian conflict has triggered a comprehensive increase in sanctions against Russia by European and American countries, and the sanctions have gradually extended from the politics and economy to the science and technology and culture. In the open source world, reports that GitHub, the largest open source code hosting platform, will restrict access to its code repositories by Russian developers have been buzzing for a while. The risk of supply interruption of open source software has once again been pushed to the forefront of the industry's attention: Is open source software really "open source"? Is Open Source Software Really Safe? Can the spirit of open source escort open source software? By clarifying the root causes and "Crux" of the risk of supply interruption of open source software, we can grasp the influencing factors of the risk of supply interruption of open source software from the source, so as to provide reference for coping with and solving the risk of supply interruption of open source software.

Keywords: Open Source; Open Source Software; Software Interruption

B.18 High-level Construction of Software Industrial Parks has Become an Important Starting Point for Industrial Agglomeration and Upgrading　　　　　　　*Xu Rui* / 188

Abstract: The development of agglomeration is an important way to make the software industry bigger and stronger. By analyzing the characteristics of the software industry, the development of foreign agglomeration and the status quo of domestic software parks, it is concluded that the park has become an important carrier for the high-quality development of the software industry. It has significant advantages in terms of coverage, execution and flexibility. In order to better play the role of radiation and driving, this paper puts forward five suggestions for the development of the park, including focusing on characteristic advantages, application traction, brand building, talent introduction, and environmental optimization, etc., to help improve the construction level.

Keywords: Software Industry; Software Park; Agglomeration Development

B.19 The "First Edition" Insurance Compensation Mechanism Provides Guarantee for the Application and Promotion of Domestic Industrial Software

Guo Xinzhu, Cheng Weichen / 194

Abstract: The application of the insurance compensation mechanism for the "first version" of software is an important way to solve the problem of populari-zation and application of China's domestic industrial software. From the perspectives of user units and industrial software companies, this paper analyzes the difficulties faced by domestic industrial software in the process of market application and promotion, and explores the role of "first version" support policies and measures in pilot areas on helping domestic software market application. And put forward targeted countermeasures and suggestions in terms of top-level design, operation mechanism, subsidy methods, and talent cultivation.

Keywords: Industrial Software; First Version Software; Insurance Compensation

B.20　2021 Development Report of Listed Enterprises in
　　　Software and Service Industry　　　*Cheng Weichen* / 200

Abstract: By analyzing the list of the "Top 500 Listed Companies by Market Value in China" in 2021, and comparing the overall situation of shortlisted companies in various industries, the market value distribution of software companies, and their performance in the new top 500 companies, it can be concluded that the market value of the software and service industry accounts for a stable proportion, the mid-waist companies have a strong development momentum and the new top 500 companies have outstanding advantages.

Keywords: Listed Companies; Software and Service Industry; Market Value

VI Appendixes

B.21 Compilation of China's Software Industry Policies
Guo Xinzhu, Wang Yingru / 206

B.22 Events in China's Software Industry in 2021
Guo Xinzhu, Tian Lijuan and Cheng Weichen / 212

B.23 Insight into Hot Issues of Industrial Development
—*A selection of proposals for the National Two Sessions in* 2022
Guo Xinzhu, Wang Yingru / 223

社会科学文献出版社

皮 书
智库成果出版与传播平台

❖ 皮书定义 ❖

皮书是对中国与世界发展状况和热点问题进行年度监测,以专业的角度、专家的视野和实证研究方法,针对某一领域或区域现状与发展态势展开分析和预测,具备前沿性、原创性、实证性、连续性、时效性等特点的公开出版物,由一系列权威研究报告组成。

❖ 皮书作者 ❖

皮书系列报告作者以国内外一流研究机构、知名高校等重点智库的研究人员为主,多为相关领域一流专家学者,他们的观点代表了当下学界对中国与世界的现实和未来最高水平的解读与分析。截至2021年底,皮书研创机构逾千家,报告作者累计超过10万人。

❖ 皮书荣誉 ❖

皮书作为中国社会科学院基础理论研究与应用对策研究融合发展的代表性成果,不仅是哲学社会科学工作者服务中国特色社会主义现代化建设的重要成果,更是助力中国特色新型智库建设、构建中国特色哲学社会科学"三大体系"的重要平台。皮书系列先后被列入"十二五""十三五""十四五"时期国家重点出版物出版专项规划项目;2013~2022年,重点皮书列入中国社会科学院国家哲学社会科学创新工程项目。

权威报告·连续出版·独家资源

皮书数据库
ANNUAL REPORT(YEARBOOK) DATABASE

分析解读当下中国发展变迁的高端智库平台

所获荣誉
- 2020年，入选全国新闻出版深度融合发展创新案例
- 2019年，入选国家新闻出版署数字出版精品遴选推荐计划
- 2016年，入选"十三五"国家重点电子出版物出版规划骨干工程
- 2013年，荣获"中国出版政府奖·网络出版物奖"提名奖
- 连续多年荣获中国数字出版博览会"数字出版·优秀品牌"奖

皮书数据库　　"社科数托邦"微信公众号

成为会员
登录网址www.pishu.com.cn访问皮书数据库网站或下载皮书数据库APP，通过手机号码验证或邮箱验证即可成为皮书数据库会员。

会员福利
- 已注册用户购书后可免费获赠100元皮书数据库充值卡。刮开充值卡涂层获取充值密码，登录并进入"会员中心"—"在线充值"—"充值卡充值"，充值成功即可购买和查看数据库内容。
- 会员福利最终解释权归社会科学文献出版社所有。

数据库服务热线：400-008-6695
数据库服务QQ：2475522410
数据库服务邮箱：database@ssap.cn
图书销售热线：010-59367070/7028
图书服务QQ：1265056568
图书服务邮箱：duzhe@ssap.cn

卡号：948196238829
密码：

S 基本子库
SUB DATABASE

中国社会发展数据库（下设 12 个专题子库）

紧扣人口、政治、外交、法律、教育、医疗卫生、资源环境等 12 个社会发展领域的前沿和热点，全面整合专业著作、智库报告、学术资讯、调研数据等类型资源，帮助用户追踪中国社会发展动态、研究社会发展战略与政策、了解社会热点问题、分析社会发展趋势。

中国经济发展数据库（下设 12 专题子库）

内容涵盖宏观经济、产业经济、工业经济、农业经济、财政金融、房地产经济、城市经济、商业贸易等 12 个重点经济领域，为把握经济运行态势、洞察经济发展规律、研判经济发展趋势、进行经济调控决策提供参考和依据。

中国行业发展数据库（下设 17 个专题子库）

以中国国民经济行业分类为依据，覆盖金融业、旅游业、交通运输业、能源矿产业、制造业等 100 多个行业，跟踪分析国民经济相关行业市场运行状况和政策导向，汇集行业发展前沿资讯，为投资、从业及各种经济决策提供理论支撑和实践指导。

中国区域发展数据库（下设 4 个专题子库）

对中国特定区域内的经济、社会、文化等领域现状与发展情况进行深度分析和预测，涉及省级行政区、城市群、城市、农村等不同维度，研究层级至县及县以下行政区，为学者研究地方经济社会宏观态势、经验模式、发展案例提供支撑，为地方政府决策提供参考。

中国文化传媒数据库（下设 18 个专题子库）

内容覆盖文化产业、新闻传播、电影娱乐、文学艺术、群众文化、图书情报等 18 个重点研究领域，聚焦文化传媒领域发展前沿、热点话题、行业实践，服务用户的教学科研、文化投资、企业规划等需要。

世界经济与国际关系数据库（下设 6 个专题子库）

整合世界经济、国际政治、世界文化与科技、全球性问题、国际组织与国际法、区域研究 6 大领域研究成果，对世界经济形势、国际形势进行连续性深度分析，对年度热点问题进行专题解读，为研判全球发展趋势提供事实和数据支持。

法律声明

"皮书系列"(含蓝皮书、绿皮书、黄皮书)之品牌由社会科学文献出版社最早使用并持续至今,现已被中国图书行业所熟知。"皮书系列"的相关商标已在国家商标管理部门商标局注册,包括但不限于LOGO( )、皮书、Pishu、经济蓝皮书、社会蓝皮书等。"皮书系列"图书的注册商标专用权及封面设计、版式设计的著作权均为社会科学文献出版社所有。未经社会科学文献出版社书面授权许可,任何使用与"皮书系列"图书注册商标、封面设计、版式设计相同或者近似的文字、图形或其组合的行为均系侵权行为。

经作者授权,本书的专有出版权及信息网络传播权等为社会科学文献出版社享有。未经社会科学文献出版社书面授权许可,任何就本书内容的复制、发行或以数字形式进行网络传播的行为均系侵权行为。

社会科学文献出版社将通过法律途径追究上述侵权行为的法律责任,维护自身合法权益。

欢迎社会各界人士对侵犯社会科学文献出版社上述权利的侵权行为进行举报。电话:010-59367121,电子邮箱:fawubu@ssap.cn。

社会科学文献出版社